PRÉCIS

DES

ÉVÉNEMENS

DE

PARIS.

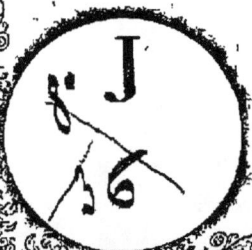

PRÉCIS

DES

ÉVÉNEMENS

DE

PARIS;

CONTENANT :

LES PROCLAMATIONS, LES ORDRES DU JOUR;

LES TRAITS DE PATRIOTISME,

D'INTRÉPIDITÉ ET DE DÉSINTÉRESSEMENT

QUI ONT SIGNALÉ

les trois journées du 26, du 27 et du 28 juillet 1830;

PLUSIEURS CHANTS PATRIOTIQUES;

LE RAPPORT AU ROI,

ET LES ORDONNANCES DU 25 JUILLET.

MONS,

CHEZ HOYOIS-DERELY, IMPRIMEUR-LIBRAIRE,

et chez les principaux libraires du royaume.

ÉVÉNEMENS
DE PARIS.

Cette brochure, contenant un narré de ce qui s'est passé à Paris dans les journées à jamais mémorables des 26, 27, 28 et 29 juillet dernier, paraîtra en cinq ou six livraisons, qui seront publiées à de courts intervalles dans l'espace de huit à dix jours. Chaque livraison se vendra séparément 15 cents.

CHAMBRE DES DEPUTÉS.

Nous donnons ci-dessous l'extrait du procès-verbal de la séance de la Chambre des Députés.

La réunion des députés actuellement à Paris a pensé qu'il était urgent de prier S. A. R. Mgr le duc d'Orléans de se rendre dans la capitale pour y exercer les fonctions de lieutenant-général du royaume, et de lui exprimer le vœu de conserver les couleurs nationales. Elle a de plus senti la nécessité de s'occuper sans relâche d'assurer à la France, dans la prochaine session des chambres, toutes les garanties indispensables pour la pleine et entière exécution de la Charte.

Avant de se séparer, les Députés ont voté des actions de graces à la population de Paris.

Paris ce 30 juillet 1830.

Suivent les signatures.

—La révolution conserve son caractère héroïque et magnanime. L'ordre continue de régner dans Paris, le calme et la confiance renaissent; les boutiques se rouvrent; une foule de concitoyens de toutes les classes circulent dans les rues; la plus grande partie sont armés; cependant il n'y a point de rixes, point de cris, rien qui offre la plus légère apparence du désordre..

L'unanimité de sentimens qui a fait triompher la résistance, règne toujours dans la population. Elle n'est point troublée par l'incertitude où l'on est encore sur le gouvernement que doit se donner la France; car on est d'accord sur les points principaux. Tout le monde sent que Charles X ni son fils ne peuvent plus régner sur la France; quinze années d'outrages et de parjures ne sont trop durement expiées par une irrévocable déchéance.

Le duc de Bordeaux doit être également exclu; l'élève de MM. Tharin et de Damas ne peut régner sur la France, l'I= talie lui offrira en dédommagement la direction de quelque couvent de Jésuites.

Ce qui importe avant tout, c'est un pouvoir promptement constitué qui nous fasse sortir du régime provisoire. Ce n'est point ici l'enthousiasme qui doit prononcer, mais la raison et la réflexion. Il ne faut point viser à une perfectibilité indé= finie, mais à ce qui est possible, à ce qui porte le plus d'a= vantages et le moins d'inconvéniens. Le prince que l'on choi= sira, quel qu'il soit, pourra convenir à la France, si n'éveil= lant par sa vie passée et ses opinions personnelles aucune antipathie nationale, il se soumet aux conditions qui doivent empêcher son pouvoir de devenir dangereux pour la liberté. Ces conditions sont faciles à stipuler, qu'il renonce irrévo= cablement aux funestes doctrines du droit divin; qu'il soit roi par la volonté nationale et la constitution de la monarchie et non par la grâce de Dieu; qu'il accepte la constitution et qu'il ne l'octroie pas; que cette constitution n'ait pas d'ar= ticle 14, pas de cours prévôtales facultatives; qu'elle soit purgée des restrictions apportées par la Charte, à l'électorat et à l'éligibilité, plus de religion de l'Etat, enfin que nous ne tombions plus sous un gouvernement de confesseur; les droits des chambres clairement et largement définis, et vigou= reusement garantis, enfin qu'ils ne puissent pas s'engouffrer dans la prérogative royale; plus de garde royale, l'expérience des 28 et 29 juillet a montré à quoi elles servent; une liste civile suffisante à l'état du prince mais sans profusion, sans superflu pour alimenter la corruption et l'intrigue; plus de cardinaux, plus de princes de l'église, plus de couvens de jésuites, de capucins. La nation peut se montrer grande envers le clergé en lui faisant grace; mais en diminuant son budget de moitié, en lui interdisant la faculté de recevoir des legs; en le renfermant sévèrement dans ses fonctions, elle mettra un terme aux intrigues, à l'ambition, à la corruption, aux attentats de toute espèce qui ont fait du clergé français dans ces derniers temps un objet de haine universelle. Quand ces garanties et d'autres encore seront obtenues, on n'aura rien à craindre du prince qui viendra régner sur la France, car le gouvernement monarchique constitutionnel est encore ce qu'on peut concevoir de mieux pour la paix intérieure de la France et la conservation de ses relations amicales avec l'Europe.

COMMISSION MUNICIPALE DE PARIS.

La commission municipale de Paris,

Arrête:

Les officiers de l'ancienne armée sont invités à se présen= ter sur-le-champ dans leurs mairies respectives. Leur patriotisme est connu, et leur expérience pourra servir utilement le courage des citoyens.

Fait à l'hôtel-de-Ville, ce 3o juillet 183o.

MAUGUIN, DE SCHONEN.

GOUVERNEMENT PROVISOIRE.

Soldats Français!

— Nous ordonnons à toutes les troupes, garde royale et de ligne, de se rendre dans les quarante-huit heures au camp provisoire établi à Vaugirard.

Nous donnons notre parole d'honneur qu'il ne leur sera fait aucun mal, et que chaque militaire sera traité comme ami, comme frère, recevra ration et logement, en attendant nos ordres.

Pour le général en chef, GERARD;
Le général en second, PAJOL.

Ordre du jour.

La défense de laisser sortir des barrières de Paris une personne a été jugée un instant nécessaire: elle est levée par le présent Ordre du jour. La circulation devient entièrement libre pour la sortie comme pour l'entrée.

Les chefs de Légion veilleront à l'exécution du présent Ordre.

A l'Hôtel-de-Ville de Paris, 3o juillet 183o.

Le Général commandant en chef, LAFAYETTE.

—L'attaque du Louvre faite de front par la colonne sortie du faubourg St-Germain, a été vigoureusement appuyée par une autre division qui, depuis le pont des arts jusqu'au pont Royal, a tiraillé avec les Suisses qui se retiraient sur le château des Tuileries. Arrivée au pont Royal, cette division a, pendant plus d'un quart-d'heure, soutenu le feu du château et de l'hôtel des Gardes, et surmontant enfin tous les obstacles, elle a pénétré dans les Tuileries en continuant son feu sur les fuyards.

On ne saurait trop admirer la conduite de M. Joubert qui portait le drapeau tricolore en avant de la colonne, et qui l'a planté en tête du pont sous le feu le plus vif. C'est ce même drapeau qui a été arboré sur le pavillon de l'Horloge par ses braves défenseurs, MM. Thomas. Guinard et Gauja.

Chaque témoin de cette action faisait aussi l'éloge de la conduite de MM. Picard, ancien militaire, Boinvilliers, Bastide, Levasseur, Cavaignac, Dupont, Drolling.

— Mardi dernier M. Mangin voulant seconder de tout son pouvoir les intentions atroces du ministère dont il était le digne agent, fit venir M. Foucault, colonel de la gendarmerie, et lui proposa de faire arrêter sur-le-champ les quarante députés les plus influens. M. Foucault approuve la mesure,

mais demande un ordre écrit. M. Mangin a eu la lâcheté de
le refuser.

*La proclamation suivante a été adressée aux Suisses venant
d'Orléans par les habitans d'Etampes et d'Angerville.*

« Enfans de la Suisse, souvenez-vous de votre Gessler ;
souvenez-vous de votre Guillaume Tell. Respectez des citoyens combattant pour leurs lois violées : au-delà d'Arpa-
jou, vous marcherez vers un volcan.

« VIVE LA CHARTE ! A BAS LES MINISTRES ! »

Cette pièce a produit son effet et a fait suspendre la marche
de ce régiment.

— Le mercredi matin, un détachement d'ouvriers, ayant à
sa tête un élève de l'Ecole Polytechnique, a enlevé le poste
du dépôt d'artillerie. Les trente Suisses de ce poste ont été
immédiatement employés à confectionner des cartouches.

L'hôtel des gardes-du-corps ayant été enlevé, les armes
seules ont été emportées.

GARDE NATIONALE. — *Exemple à imiter.*

Quatre habitants de la rue neuve S.¹-Eustache se sont spon=
tanément réunis et ont été dans les maisons de leur rue s'in=
former des noms et de la profession de tous les hommes en
état de porter les armes, et par conséquent de faire partie
de la garde nationale ; à midi, déjà plus de cent enrôlés
dont soixante avec armes et tambours en tête, se sont instal=
lés au poste des Petits-Pères ; aussitôt ils se sont divisés
en trois patrouilles qui se sont dirigées vers trois points dif=
férens.

La municipalité a promis de faire tous ses efforts pour
fournir des armes à tous ceux qui en manquent.

SENTINELLES, PRENEZ-GARDE A VOUS.

Nous savons vaincre, mais sachons compléter la victoire.
Les vicissitudes de la fortune sont fréquentes, et nous avons
un caractère de confiance et de générosité qui peut nous
devenir funeste. Nos ennemis vaincus sur un point essentiel
ne le sont pas sur tous les points du territoire. Ils guétent et
notre sommeil et nos discordes civiles ; ils provoquent celles-
ci peut être.

Ils appellent sans doute l'étranger à leur secours. Pari=
siens ! soyez sur vos gardes ! Continuez à vous barricader ;
à vous armer ; que toutes les chambres qui donnent sur la
rue soient garnies de pierres et de tous les projectiles néces=
saires à une vigoureuse et dernière résistance, si une nou=
velle attaque avait lieu ; ce que nous disons aux parisiens
nous le répétons à tous les Français. Sentinelles, prenez-
garde, à vous ! organisez la défense et ne vous laissez pas

surprendre par un ennemi qui serait d'autant plus cruel dans ses vengeances, qu'il s'est montré plus lâche.

— La reconnaissance du peuple pour les élèves de l'école polytechnique va jusqu'à la vénération. Un de ces braves gens, qui n'avait pris aucun repos depuis trois nuits s'est endormi de fatigue sur un des matelats destinés aux blessés. Quand le soir est venu, on l'a enlevé, transporté à son insu à l'hôtel-de-ville, et quand l'aspect de son uniforme faisait élever des exclamations sur son passage, les porteurs disaient: « Respect au malheur! » On ôtait son chapeau et on passait.

LE PEUPLE.

Nous l'avons dit hier : *Le peuple a tout fait*, et par ce mot à jamais respectable de *peuple*, nous avons entendu la réunion de tous les citoyens. Depuis les plus riches jusqu'aux plus pauvres, depuis les plus connus jusqu'aux plus ignorés, toutes les mains se touchaient, tous les cœurs s'entendaient; c'était le peuple parisien tout entier; c'était la grande nation française représentée par la digne capitale. Elle marchait, elle commandait, elle exécutait comme un seul homme de résolution ferme exécute ses projets, après une longue méditation; et cependant la défense était aussi instantanée, aussi imprévue, aussi brave, que l'attaque avait été longuement, traîtreusement et lâchement méditée.

Ce qui n'est pas au-dessus du courage, mais ce qui est peut-être plus rare, plus digne d'éloges, c'est la probité, c'est l'esprit d'ordre et de sagesse qui se faisaient remarquer dans les masses, au milieu des plus sanglans périls, et des plus grands désordres de la défense.

— Les traits de cet héroïsme de la probité parisienne sont innombrables, et tous également dignes d'une éternelle mémoire; nous voudrions pouvoir n'en omettre aucun; mais la tâche est au-dessus de la presse même, qu'à juste titre nous pourrions appeler l'Hercule français. Nous allons citer ceux que jusqu'ici nous avons pu recueillir à la hâte et dans les premiers momens. — Ce matin 30 au coin de la rue Montmartre et du boulevard, des citoyens, qu'il était facile de reconnaître pour de modestes artisans passaient, conduits par un de leurs camarades, devenu leur chef par l'autorité que donnent l'âge et la raison; autour de leurs armes étaient enfilés des pains et quelques volailles dont la distribution leur avait été régulièrement faite; plusieurs hommes de cette compagnie se trouvant vis-à-vis la boutique d'un marchand de vin, se sont détachés pour y entrer; mais bientôt, à la voix de leur chef, ils sont revenus dans le rang : *aujourd'hui* leur a-t-il dit *pas d'eau-de-vie, pas même de vin sans eau, au corps de garde les ivrognes!* et tous ces braves gens se sont écrier : *Il a raison!* et de continuer leur route, prêts à recommencer la lutte à jeun; prêts à affronter la mort sans autre stimulant que le généreux, que l'ardent amour du pays et de la liberté.

Un jeune homme, monté sur un cheval de grand prix, et dont l'habit et l'équipement annonçaient l'opulence, cherchait, demandait partout des armes pour courir où l'on se battait, et concourir à la défense commune. Il aperçoit, porteur d'un bon fusil de guerre, un brave artisan dont tout l'extérieur annonçait un pauvre chiffonnier : *Mon ami* lui crie le jeune homme, *j'achète ton fusil cent francs !* — oh! non, monsieur, c'est mon bon ami. — *Cinq cents francs !* — non, monsieur; il a déjà jeté deux ennemis par terre, il en couchera d'autres; je garde mon bon ami.

Aux portes du château des tuileries, un homme qui avait vu dérober quelques objets, se crée de sa propre autorité général, compose une garde, pose des sentinelles avec ordre de fouiller quiconque sort. L'ordre s'exécute, et tout homme surpris emportant des objets enlevés est vertement corrigé et forcé de rendre ce qu'il a pris.

Des pantalons neufs sont trouvés dans une des casernes de la gendarmerie; quelques personnes ont, un peu à l'étourdie, passé ces pantalons sur ceux qu'ils portaient; aussitôt ces pantalons ont été dechirés par leurs camarades. Tous se sont écriés : *Nous sommes venus pour vaincre et non pour dérober.* Ici, de pauvres ouvriers, après avoir forcé les portes d'un armurier, qui déjà avait livré sa poudre et ses armes, en cherchaient de toutes les dimensions, et jusques dans les tiroirs des meubles : dans un de ces tiroirs, ils ont aperçu de l'argent et un billet : le refermant aussitôt l'un d'eux a dit : ce n'est pas là ce que nous cherchons.

Deux braves ouvriers, dont nous regrettons de ne pas savoir les noms, entrés les premiers dans la partie du château des tuileries qu'habitait la duchesse de Berry, y ont trouvé une cassette en bronze damasquinée et renfermant beaucoup d'or. Fatigués de son poids au moment où ils passaient dans la cour du Louvre, ils ont prié un citoyen de se joindre à eux, non pour les soulager, mais pour les protéger contre toute tentative pour s'emparer de ces trésors; et tous trois se sont rendus à l'hôtel-de-ville, où le précieux fardeau a été déposé, sans exiger ni reçu ni recompense.

Nous devons citer un mot d'un homme du peuple, et ce mot fait mentir les gens qui repandent partout le bruit qu'il règne un grand desordre dans la capitale. Un officier de la garde nationale lui recommandait d'empêcher qu'on n'enlevât quelque chose du château des Tuileries. *Soyez tranquille, mon capitaine, nous avons changé de gouvernement, mais nous n'avons pas changé de conscience.*

L'ordre le plus parfait a régné pendant toute la nuit; une partie de la ville était illuminée, particulièrement les rues St.-Denis, St.-Martin, St.-Jacques et les environs de l'hôtel-de-ville. Des patrouilles, silencieuses et fortes, parcouraient les rues, passaient lentement de barricade en barricade, et désarmaient les hommes que la fatigue et la chaleur, plus encore que le vin, mettaient tout-à-fait hors d'état de les employer d'une manière utile. Là l'égalité véritable, l'egalité des droits et des devoirs, régnait dans toute son acception; les rangs avaient disparu; tous marchaient au même but : la défense; tous avaient pour mot d'ordre et de rralliement : *Protection aux personnes! Respect aux propriétés!*

Une trève d'une heure avait été convenue entre l'officier commandant au Louvre le poste des Suisses, du côté de la rue du Coq, et M. Duval-Lecamus qui demeure dans la même rue : au moment où ils étaient en pourparlers, un factionnaire a baissé son arme pour faire feu. L'officier l'a vivement relevée et a fait rentrer ses soldats dans le corps de garde.

La trève finie et l'attaque du Louvre étant recommencée, un brave, couvert d'une blouse bleue et le pistolet au poing, s'est hardiment avancé vers la grille, et le pistolet qu'il dirigeait sur le factionnaire ayant raté, il l'a armé de nouveau, en ordonnant d'ouvrir la grille ou qu'il allait faire feu. Cette sommation audacieuse a obtenu une prompte obéissance. Les suisses se sont repliés vers le château des Tuileries et bientôt les grilles du Louvre ont été ouvertes.

GARDE NATIONALE DE PARIS.

La garde nationale de Paris est retablie.

MM. les colonels et officiers sont invités à réorganiser immédiatement le service de la garde nationale. MM. les sous-officiers et gardes natio-

naux doivent être prêts à se réunir au premier coup de tambour.
Provisoirement, ils sont invités à se réunir chez les officiers et sous
officiers de leurs compagnies et à se faire inscrire sur les contrôles.

Il s'agit de faire régner le bon ordre; et la commission municipale
de la ville de Paris compte sur le zèle ordinaire de la garde nationale
pour la liberté et l'ordre public.

MM. les colonels, ou, en leur absence MM. les chefs de bataillon sont
priés de se rendre de suite à l'hôtel-de-ville pour y conférer sur les
premières mesures à prendre dans l'intérêt du service.

Fait à l hôtel-de-ville ce 29 juillet 1830.
LA FAYETTE.
Pour copie conforme :
Le colonel chef d'état-major,
ZIMMER.

LA COMMISSION MUNICIPALE AUX HABITANS DE PARIS.

La commission municipale de Paris invite les bons citoyens à ou=
vrir leurs boutiques, leurs habitations, et à vaquer, comme à l'ordinaire, à leurs travaux.

La commission municipale invite également les bons citoyens à il=
luminer le devant de leurs demeures jusqu'au moment où les réver=
bères brisés auront été remplacés.

Tous les citoyens sentiront le besoin de cette mesure qui a déjà été
prise dans la plupart des quartiers de Paris, et par le bon esprit de
ses habitans.

Fait à l'hôtel-de-ville.
L'un des membres de la commission,
SCHONEN, député.

ACTES DE L'AUTORITÉ.

Moniteur universel, 30 juillet :

GOUVERNEMENT PROVISOIRE.

Les députés présens à Paris ont dû se réunir pour remé=
dier aux graves dangers qui menaçaient la sûreté des personnes et des propriétés. — Une commission a été nommée
pour veiller aux intérêts de tous, dans l'absence de toute
organisation régulière :

Messieurs,

Audry de Puiraveau, — Comte Gérard, — Jacques Laf=
fitte, — Comte de Lobau, — Mauguin. — Odier, — Casimir
Périer, De Schonen, composent cette commission.

Le général Laffitte est commandant en chef de la garde
nationale. — La garde nationale est maîtresse de Paris sur
tous les points.

Les députés réunis dans la salle du corps législatif et pré=
sidés par M. Laffitte ont déclaré que le drapeau tricolore
était le drapeau national. — Ils ont désigné pour le commis-
sariat provisoire des divers ministères, MM. Gérard, à la
guerre. — Truguet, à la marine. — Sébastiani, aux affaires
étrangères. — Broglie, à l'intérieur. — Dupin aîné, à la
justice. — Louis, aux finances. — Guizot, à l'instruction
publique.

Au *Moniteur* et au journal *le Temps*, était joint un bul=
letin séparé, contenant ce qui suit :

3i juillet, 2 heures après-midi.

Le roi Charles x est parti ce matin de S.ᵗ-Cloud à trois
heures; la duchesse de Berry et le duc de Bordeaux étaient
dans la voiture. Le Dauphin n'est parti qu'à 5 heures. La
garde royale rentre dans Paris, des détachemens de milice
parisienne sont allés au devant d'elle avec des vivres dont ces
troupes n'ont reçu aucune distribution depuis 2 jours.

Le duc d'Orléans est arrivé à Paris ce matin; il s'est pré=
senté au peuple décoré des couleurs nationales. La procla=
mation suivante vient d'être affichée.

Proclamation du duc d'Orléans.

HABITANS DE PARIS.

Les députés de la France, en ce moment réunis à Paris,
m'ont exprimé le désir que je me rendisse dans cette capitale
pour y exercer les fonctions de lieutenant-général du royaume.

Je n'ai pas balancé à venir partager vos dangers, à me
placer au milieu de votre héroïque population et à faire tous
mes efforts pour vous préserver des calamités de la guerre
civile, de l'anarchie.

En rentrant dans la ville de Paris, je portais avec orgueil
les couleurs glorieuses que vous avez reprises et que j'avais
moi-même long-temps portées.

Les chambres vont se réunir et aviseront aux moyens d'as=
surer le règne des lois et le maintien des droits de la nation.

La charte sera désormais une vérité.

LOUIS-PHILIPPE D'ORLEANS.

MONS. — TYPOGRAPHIE DE HOYOIS-DERELY, LIBRAIRE, RUE DES CLERCS N.ᵘ 10.

PROCLAMATION

adressée aux Français par les députés des départements réunis à Paris.

FRANÇAIS,

La France est libre. Le pouvoir absolu levait son drapeau; l'héroïque population de Paris l'a abattu. Paris attaqué a fait triompher par les armes la cause sacrée qui venait de triompher en vain dans les élections. Un pouvoir usurpateur de nos droits, perturbateur de notre repos, menaçait à la fois la liberté et l'ordre; nous rentrons en possession de l'ordre et de la liberté. Plus de crainte pour les droits acquis; plus de barrière entre nous et les droits qui nous manquent encore.

Un gouvernement qui, sans délai, nous garantisse ces biens, est aujourd'hui le premier besoin de la patrie. Français, ceux de vos députés qui se trouvent déjà à Paris se sont réunis, et, en attendant l'intervention régulière des chambres, ils ont invité un Français qui n'a jamais combattu que pour la France, M. le duc d'Orléans, à exercer les fonctions de lieutenant-général du royaume. C'est à leurs yeux le plus sûr moyen d'accomplir promptement par la paix le succès de la plus légitime défense.

Le duc d'Orléans est dévoué à la cause nationale et constitutionnelle. Il en a toujours défendu les intérêts, et professé les principes. Il respectera nos droits, car il tiendra de nous les siens, nous nous assurerons par des lois toutes les garanties nécessaires pour rendre la liberté forte et durable.

Le rétablissement de la garde nationale avec l'intervention des gardes nationaux dans le choix des officiers.

L'intervention des citoyens dans la formation des administrations départementales et municipales.

Le jury pour les délits de presse; la responsabilité légalement organisée des ministres et des agens secondaires de l'administration.

L'état militaire légalement assuré.

La réélection des députés promus à des fonctions publiques.

Nous donnerons enfin à nos institutions, de concert avec le chef de l'État, les développemens dont elles ont besoin.

Français, le duc d'Orléans lui-même a déjà parlé, et son langage est celui qui convient à un pays libre : « les chambres vont se réunir, dit-il; elles aviseront aux moyens « d'assurer le règne des lois et le maintien des droits de la « nation : une charte sera désormais une vérité. »

2

PREFECTURE DE POLICE.

Parisiens! investi par la commission administrative de Paris, de cette magistrature' qui veille à votre sûreté, j'ai pris les mesures nécessaires à votre libre circulation. Conti= nuez et régularisez votre service dans la garde nationale ; remettez-vous à la disposition de vos mairies. Peu de choses restent à faire pour achever la conquête de la liberté.

La cause sacrée de la patrie est gagnée ! elle appelle votre dévoûment.

N'ayez aucune inquiétude sur la conservation de vos pro= priétés, la vigilance la plus active de ma part vous en donne la garantie.

Peuple éminemment généreux, braves citoyens ! continuez vos efforts : la paix publique, les institutions protectrices de l'honneur français, de la liberté que vous avec conquise par un courage au-dessus de tout éloge, en seront bientôt le prix.

Paris, 3o juillet.

Le préfet de police, député de Paris, BAVOUX.

COMMISSION MUNICIPALE DE PARIS.

Le général Lafayette et la commission municipale de Paris, *arrêtent :*

Art. 1.er Il est créé une garde nationale mobile; elle sera composée de 20 régimens, et pourra être employée hors de Paris à la défense de la patrie.

2. Tous les citoyens en état de porter les armes sont in= vités à s'y faire inscrire : à cet effet ils se transporteront sur le champ à leurs mairies respectives, où des listes, seront ouvertes.

3. La garde nationale mobile recevra une solde qui sera ultérieurement fixée pour les officiers et sous-officiers; pour les soldats, elle sera de trente sous par jour. La solde durera jusqu'au licenciement et quinze jours après; le licenciement aura lieu aussitôt que cette force ne sera plus nécessaire.

4. La garde nationale mobile est mise sous les ordres du général Gérard, qui a déjà le commandement des troupes de ligne; il fera tout ce qui est nécessaire pour la formation et l'organisation; il s'adjoindra à cet effet tel nombre d'offi= ciers qui lui paraîtra convenable. Les listes de mairies et le bureau de la garde nationale siégeant à l'hôtel-de-ville sont mis à sa disposition.

Le 3i juillet.   LAFAYETTE.

Les membres de la commission,

LOBAU, AUDRY DE PUIRAVEAU, MAUGUIN, CASIMIR-PERRIER.

Pour ampliation :

L'un des secrétaires, AYLIES.

COMMISSION MUNICIPALE DE PARIS.

Habitans de Paris! Charles x a cessé de régner sur la France! ne pouvant oublier l'origine de son autorité, il s'est toujours considéré comme l'ennemi de notre patrie et de ses libertés qu'il ne pouvait comprendre. Après avoir sourdement attaqué nos institutions par tout ce que l'hypocrisie et la fraude lui prêtaient de moyens, lorsqu'il s'est cru assez fort pour les détruire ouvertement, il avait résolu de les noyer dans le sang des Français : grâce à votre héroïsme, les crimes de son pouvoir sont finis.

Quelques instans ont suffi pour anéantir ce gouvernement corrompu, qui n'avait été qu'une conspiration permanente contre la liberté et la prospérité de la France. La nation est debout, parée de ses couleurs nationales qu'elle a conquises au prix de son sang ; elle veut un gouvernement et des lois dignes d'elle.

Quel peuple au monde mérita mieux la liberté! dans le combat vous avez été des héros ; la victoire a fait connaître en vous ces sentimens de modération et d'humanité qui attestent à un si haut degré les progrès de notre civilisation ; vainqueurs et livrés à vous-mêmes, sans police et sans magistrats, vos vertus ont tenu lieu de toute organisation ; jamais les droits de chacun n'ont été plus religieusement respectés.

Habitans de Paris, nous sommes fiers d'être vos frères : en acceptant des circonstances un mandat grave et difficile, votre commission municipale a voulu s'associer à votre devoûment et à vos efforts ; ses membres éprouvent le besoin de vous exprimer l'admiration et la reconnaissance de la patrie.

Leurs sentimens, leurs principes sont les vôtres : au lieu d'un pouvoir imposé par les armes étrangères, vous aurez un gouvernement qui vous devra son origine : les vertus sont dans toutes les classes ; toutes les classes ont les mêmes droits ; ces droits sont assurés.

Vive la France ! vive le peuple de Paris ! vive la liberté.

ADMINISTRATION DEPARTEMENTALE.

Braves habitans de Paris, chers concitoyens!

La commission municipale, en me chargeant provisoirement de la préfecture de la Seine, m'a confié une fonction à la fois bien douce et bien difficile à remplir. Qui peut se flatter de mériter le rang de premier magistrat d'une population dont la conduite héroïque vient de sauver la France, la liberté et la civilisation ; d'une population qui réunit dans son sein tout ce que le commerce, la propriété, la magistrature, les sciences, les arts, ont de plus distingué ? mais c'est vous surtout, dont on ne peut assez faire l'éloge et protéger les intérêts, citoyens industrieux de toutes les professions ; vous dont les efforts spontanés, sans guide, sans plan, ont su trouver les moyens de résister à l'oppression et de ne pas souiller d'une seule tache la victoire.

On vous a vus ingénieux et sublimes dans le danger, bienveillans et simples dans le triomphe. Ah ! croyez que j'ai appris, au milieu de vous, à connaître toute l'étendue de mes devoirs, en appréciant toute l'étendue de vos sacrifices.

Il va être fait un relevé des actions glorieuses de cette journée, et surtout des pertes et des malheurs qu'elle a occasionnés. Déjà la bienfaisance publique s'occupe de les réparer : nous ne resterons pas en arrière de son zèle.

Electeurs de Paris, qui pour la 3e fois, m'avez appelé par une libre manifestation de vos suffrages, à l'honneur de vous représenter, puis-je espérer que vos suffrages encore me soutiendront dans les nouvelles fonctions dont je viens d'être investi?

Habitans de la capitale, vos magistrats ne veulent vous faire sentir leur présence que par des bienfaits; mais, de votre côté, vous seconderez leurs efforts; vous honorerez doublement votre triomphe par le calme et l'ordre qui siéent si bien au succès. Aidez-nous vous-mêmes à vous rendre heureux ; c'est le seul prix, la seule récompense que nous vous demanderons de nos travaux.

> ALEX. DELABORDE,
> *chargé provisoirement de la préfecture de la Seine.*

SOUSCRIPTION POUR LES BLESSÉS, *ouverte au* Constitutionnel.

Le total des sommes reçues le *31*, s'élève à · · · 12,140, »
Le *30*, il a été reçu · 11,507,70

Total 23,647, 70

Le 31 juillet, à midi, les députés arrivés à Paris se sont réunis dans le lieu de leurs séances, sous la présidence de M. Laffitte.

Une commission nommée hier a présenté le projet d'une proclamation adressée au peuple français. Elle a été adoptée à l'unanimité, et, après une discussion, à laquelle ont pris part MM. Bernard (de Rennes), Villemain, Etienne et Girod (de l'Ain), il a été décidé que ce bil des droits de la France serait porté au lieutenant-général du royaume par tous les députés présens.

Nos mandataires sont partis à deux heures du lieu de leurs séances; ils ont traversé le jardin des Tuileries et les rues adjacentes au milieu d'une immense population parée des couleurs nationales, qui faisait éclater avec transport les cris de *Vive les Députés de la Nation ! Vive la Charte !* MM. les Députés y répondaient par le cri de *Vivent les héroïques habitans de Paris ! Ils ont sauvé la France.*

M. Laffitte a lu au prince la proclamation que nous donnons aujourd'hui; à chacun des passages qui renferment les garanties de nos libertés, le lieutenant-général du royaume répondait par les marques du plus cordial assentiment. A ces mots d'organisation départementale et municipale, confiée au choix des citoyens, il a dit: « Voilà la vraie liberté»;

et quand le président est arrivé au jury appliqué aux délits de presse, le prince l'a interrompu en disant : *Ah ! oui, bien certainement.*

La lecture terminée , M. le duc d'Orléans s'est exprimé tout à la fois avec une émotion et une franchise qui ont produit le plus vif enthousiasme. « Messieurs, a-t-il dit, les » principes salutaires que vous proclamez ont toujours été » les miens. Vous me rappelez tous les souvenirs de ma » jeunesse, et mes dernières années en seront la continuation. » je travaillerai au bonheur de la France par vous et avec » vous, comme un vrai père de famille. Toutefois, les dé= » putés de la nation me comprennent aisément, lorsque je » leur déclare que je gémis profondément sur les déplorables » circonstances qui me forcent à accepter la haute mission » qu'ils me confient, et dont j'espère me rendre digne.»

Ces paroles, ou plutôt cette cordiale et franche accepta= tion-des grands principes du gouvernement constitutionnel, ont été accueillies par MM. les députés avec les témoignages de la plus vive satisfaction.

— Le brave général Clausel, député des Ardennes, est ar= rivé à Paris le 31.

L'exécrable attentat du 25 juillet a reveillé dans les Ar= dennes le tocsin de la liberté. Aux armes! marchons sur Paris! c'est le cri qui roule d'un bout à l'autre de la frontière.

Le peuple , dans sa légitime fureur, a brisé les insignes du roi parjure ; partout, le drapeau de la liberté, l'étendard aux trois couleurs remplace la bannière à jamais proscrite.

Des commissions parties des villes des Ardennes sont ve= nues exprimer au gouvernement provisoire le dévoûment de cette généreuse contrée à la cause nationale.

— Il a été adressé aux députés une pétition qui se termine ainsi : — le 5 juillet 1815, la chambre des représentans sous le feu des étrangers, en présence des baïonnettes ennemies, a proclamé des principes conservateurs des droits des citoyens et a protesté contre tout acte qui imposerait à la France un gouvernement et des institutions qui ne sympatiseraient pas avec ses vœux et ses intérêts.

Ce sont ces principes qu'il faut adopter aujourd'hui : qu'ils nous servent de point de ralliement; la chambre de 1815 les a légués à un avenir qui nous appartient maintenant; recueillons cet héritage, et sachons le faire tourner au profit du peuple et de la Liberté.

Paris, le 30 juillet 1830.

Les Membres de la commission nommés par un grand nombre des divers arrondissemens de Paris, reunis rue de Richelieu, N.° 104. Le président: CHEVALIER.

Une réunion d'un assez grand nombre de pairs qui se trou=
vent à Paris ayant reçu communication de la résolution
prise dans la réunion des députés sur les mesures à adopter,
s'associe aux vœux exprimés par MM. les députés.

LA MUNICIPALITÉ DE PARIS A L'ARMÉE FRANÇAISE.

Braves soldats ! Les habitans de Paris ne vous rendent
pas responsables des ordres qui vous ont été donnés; venez
à nous, nous vous recevrons comme nos frères; venez vous
ranger sous les ordres d'un de ces braves généraux qui a
versé son sang pour la défense du Pays en tant de circons=
tances, le général Gérard. La cause de l'armée ne pouvait
pas être long-temps séparée de la cause de la nation et de la
liberté; sa gloire n'est-elle pas notre plus cher patrimoine?
mais aussi elle n'oubliera jamais que la défense de notre
indépendance et de nos libertés doit être son premier devoir.
Soyons donc amis, puisque nos intérêts et nos droits sont
communs.

Le général Lafayette déclare, au nom de toute la popula=
tion de Paris, qu'elle ne conserve à l'égard des militaires
français aucun sentiment de haine et d'hostilité; elle est
prête à fraterniser avec tous ceux d'entre eux qui revien=
dront à la cause de la patrie et de la liberté, et elle ap=
pelle de tous ses vœux le moment où les citoyens et les mili=
taires réunis sous un même drapeau, sous les mêmes senti=
ments pourront enfin réaliser le bonheur et les glorieuses
destinées de notre belle patrie.

VIVE LA FRANCE !

Signé : *Le Général Lafayette.*

— Ceux qui ont vu le porte-Drapeau qui, le 29, s'est
présenté dans la place du carousel, au moment où allait
commencer l'attaque du château des tuileries, sont restés
dans l'admiration du noble courage de ce citoyen, accompa=
gné seulement de deux de ses camarades.

Il s'est avancé au pas ordinaire jusqu'à l'arc de triomphe,
sans avoir fait un seul mouvement rétrograde, quoique plus
de mille coups de fusil aient été tirés sur lui du château,
sans qu'aucun, heureusement, ne l'atteignit. Il s'est alors ré=
tranché derrière l'arc de triomphe, où il s'est tenu jusqu'à
l'occupation du château par les parisiens.

— Les brevets d'imprimeurs et de libraires sont supprimés.
Les marchands d'ustensiles d'imprimerie ont reçu l'autorisa=
tion de vendre à toute personne qui donnera un nom, un
domicile. Déjà plusieurs imprimeries s'installent à Paris.

— Un citoyen a eu l'heureuse pensée de substituer le nom
de *Lafayette* à la rue qui portait celui de Charles X, dans le
nouveau quartier Poissonnière. Ce changement a été effectué
le 51.

— Charles X a voulu faire distribuer des croix d'honneur le 29 aux gardes royaux qui sont retournés à Saint-Cloud après avoir massacré leurs frères. Les soldats auxquels on les offrait les refusaient, tout honteux d'une pareille récompense, et sous prétexte qu'ils ne les méritaient pas plus que leurs camarades.

— Les chanoines et les séminaristes rassemblés dans l'archevêché avaient eu l'imprudence de faire feu par les fenêtres. Ils ont été forcés, quelques-uns ont été victimes, et cette résistance a amené le saccagement complet de l'archevêché. Tout le mobilier a été brûlé ou jeté à la rivière.

— On a remarqué que les étrangers, Russes, Anglais, Allemands, Belges, ont aidé de tous leurs vœux les défenseurs de la charte. Ils les ont reçus chez eux quand ils ont été blessés : ils leur ont apporté des rafraîchissemens et des vivres ; ainsi toute l'Europe aura pris part en quelque chose à cette mémorable journée du 29 juillet.

— On a ramassé ce matin une énorme quantité de fusils dans le bois de Boulogne, après le départ de la garde royale qui y avait bivouaqué la nuit.

— La chambre des députés va s'assembler le 3 août. Les pairs présens à Paris se sont assemblés pour aviser à ce qu'il fallait faire dans l'état des choses.

Les deux chambres, nous l'espérons, communiqueront ensemble par comités, comme cela s'est fait souvent en Angleterre dans les grandes circonstances.

— D'après les ordres de la commission parisienne, M. le préfet provisoire de police, Bavoux, avait fait remettre une somme de 5000 francs à M. Georges de Lafayette, pour être distribuée aux braves ouvriers qui travaillaient aux barricades. Ces braves ont refusé l'argent qu'on leur offrait. « Nous sommes ici pour la défense de nos droits, s'écriaient-ils, nous voulons faire la guerre à nos dépens. »

— Le peuple de Paris a été admirable. On ne saurait dire avec quel courage il se précipitait au-devant des balles et de la mitraille. Aujourd'hui il embrasse les soldats. Les suisses désarmés, prisonniers au passage Dauphine, sont occupés à faire des cartouches pour la garde nationale.

— Des lettres du Havre, datées du 29, annoncent que la garde nationale s'y est organisée. L'éditeur du Journal du Havre a fait imprimer et distribuer sa feuille en dépit des ordonnances, comme son confrère de Rouen, et avec le même succès.

Le colonel des pompiers a refusé de prêter main forte à des mesures contraires aux lois et à la charte, en déclarant que les pompiers *n'étaient pas faits pour enfoncer les portes*. À la fin les magistrats principaux ont autorisé la publication du journal.

— Il existe vis-à-vis le Louvre, sous la colonnade, et vis-à-vis l'église Saint-Germain l'Auxerrois, une place nue qui était entourée d'une simple barricade en bois : c'est dans un coin de cette place et du côté de la Seine qu'ont été ensevelis aujourd'hui d'héroïques citoyens qui ont succombé dans les journées du 28 et du 29. On a creusé deux grandes fosses dans lesquelles quatre-vingt cadavres à peu-près ont été placés entre deux couches de chaux vive; les morts étaient apportés dans de grands fourgons, et retirés l'un après l'autre. Un frère a reconnu son frère; le cadavre était ensanglanté et presque méconnaissable; cependant le frère de la victime s'est jeté sur ce corps avec des cris et des plaintes : le jeune homme a voulu couper une mèche de cheveux à ce cadavre; on lui a prêté un couteau, il a coupé les cheveux; il a embrassé son frère, après quoi il l'a abandonné à la fosse qui le réclamait. Les citoyens ont rendu à ces corps tous les honneurs dus aux soldats et aux chrétiens. Ils ont déchargé leurs fusils sur cette vaste tombe; ils ont appelé un prêtre de l'église St-Germain l'Auxerrois. M. l'abbé Paravey est venu en habits sacerdotaux, et a béni la terre des morts; la garde nationale a reconduit M. le curé jusqu'à sa porte. Quelle guerre! quelle histoire! quel peuple! En ce moment on élève sur-le-champ de repos une croix de bois sur laquelle on lit pour toute inscription funéraire :

Aux Français morts pour la liberté !

— La révolution a définitivement vaincu, après quarante ans, comme celle d'Angleterre. Il y a des fatalités historiques; on les citait depuis quelques années, sans oser y croire; elles se sont accomplies comme des nécessités inflexibles. La révolution a vaincu par ses principes et par d'autres hommes. La glorieuse cocarde qui a fait la liberté et la gloire de la France, a reparu plus belle de quinze ans de proscription. Elle nous retrouve avec ses ames de 89, avec ses expériences de 94 et de 1815, avec les lumières et les intérêts de 1830. Elle signifie maintenant sur nos fronts : *Liberté, paix, garanties, constitution nationale.*   (*Le Temps.*)

— M. Fontan doit être mis aujourd'hui en liberté.

— M. le cardinal de Latil a été arrêté à Vaugirard; on dit qu'il en est arrivé autant à M. de Quelen, archevêque de Paris. L'un et l'autre emportaient de grandes valeurs. On a trouvé un million à la préfecture de police; cinq cents mille francs à l'hotel-de-ville. Les sommes que les fugitifs ont pu emporter doivent être peu considérables.

MONS. — TYPOGRAPHIE DE HOYOIS-DERELY, LIBRAIRE, RUE DES CLERCS N.° 10.

NOMINATIONS OFFICIELLES

faites le 1.ᵉʳ août par M. le Lieutenant-Général du royaume.

Ministère de la guerre. — M. le Général GÉRARD;
Ministère de la justice. — M. DUPONT de l'Eure;
Ministère de l'intérieur. — M. GUIZOT;
Ministère des finances. — M. le Baron LOUIS;
Préfet de police. — M. GIROD de l'Ain.

LIEUTENANCE GÉNÉRALE DU ROYAUME.

Art. 1.ᵉʳ La nation française reprend ses couleurs. Il ne sera plus porté d'autre cocarde que la cocarde tricolore.

2. Les commissaires chargés provisoirement des divers départemens du ministère veilleront, chacun en ce qui le concerne, à l'exécution de la présente ordonnance.

Paris, le 1.ᵉʳ août 1830.

Signé : LOUIS-PHILIPPE D'ORLEANS.

Plus bas :

Le commissaire chargé provisoirement du ministère de la guerre, *Signé :* Comte GÉRARD.

AUX HABITANS DE PARIS.

Paris, le 31 juillet.

La réunion des députés actuellement à Paris vient de communiquer au général en chef la résolution qui, dans l'urgence des circonstances, a nommé M. le duc d'Orléans lieutenant-général du royaume. Dans trois jours, la chambre sera en séance régulière, conformément au mandat de ses commettans, pour s'occuper de ses devoirs patriotiques, rendus plus importans et plus étendus encore par le glorieux événement qui vient de faire rentrer le peuple français dans la plénitude de ses imprescriptibles droits. Honneur à la population parisienne !

C'est alors que les représentans des collèges électoraux honorés de l'assentiment de la France entière, sauront assu= rer à la patrie, préalablement aux considérations et aux for= mes secondaires de gouvernement, toutes les garanties de liberté, d'égalité et d'ordre public que réclament la nature souveraine de nos droits et la ferme volonté du peuple français.

Déjà, sous le gouvernement d'origine et d'influences étran= géres qui vient de cesser, grâces à l'héroïque, rapide et populaire effort d'une juste résistance à l'agression contre= révolutionnaire, il était reconnu que, dans la session actuelle

3

les demandes du rétablissement d'administrations élec=
tives, communales et départementales, la formation des
gardes nationales de France sur les bases de la Loi de 91,
l'extension de l'application du Jury, les questions relatives à
la loi électorale, la liberté de l'enseignement, la responsabilité des agens du pouvoir, et le mode nécessaire pour réaliser cette responsabilité, devaient être des objets de discu-
sions législatives préalables à tout vote de subsides, à combien plus forte raison ces garanties et toutes celles que la
liberté et l'égalité peuvent réclamer doivent-elles précéder
la concession des pouvoirs définitifs que la France jugerait à
propos de conférer! En attendant, elle sait que le lieutenant-
général du Royaume, appelé par la chambre, fut un des
jeunes patriotes de 89, un des premiers généraux qui firent
triompher le drapeau tricolore. *Liberté, égalité et ordre
public*, fut toujours ma devise: je lui serai fidèle.

LA FAYETTE.

PLACE DE PARIS.
ORDRE DU JOUR.

Les troupes de la garnison reprendront le service de la
place. Les chefs de corps prendront tous les moyens pour
établir parmi leurs troupes l'ordre le plus parfait. Les régle=
mens sur la police et la discipline seront strictement obser-
vés; les chefs de corps en sont personnellement responsables.

Les divers états demandés hier me seront adressés avant
midi, et tous les jours. La situation sera remise à mon état-
major avant huit heures du matin.

Des ordres très-sévères sont donnés pour que tous les
soldats qui s'éloigneraient soient arrêtés sur le champ et
conduits à la place.

Le Lieutenant-Général Commandant l'infanterie, et
chargé de son organisation,

Signé, Comte ROGUET.

Paris, le 1.er août 1830.

PRÉFECTURE DE POLICE.

Habitans de Paris!

Le Lieutenant-Général du royaume vient de me confier
les fonctions de préfet de police, que M. Bavoux avait bien
voulu remplir provisoirement, et dont il s'est acquitté avec
tout le zèle et le patriotisme dont il a donné tant de preuves.

M'oubliant moi-même et n'écoutant que mon dévouement
à mon pays, j'ai accepté ces fonctions.

Habitans de Paris, vous me connaissez comme député,
comme l'un de vos magistrats, comme viel ami de la liberté.

A ces titres, je demande une confiance que je ne tromperai jamais.

Continuez à donner l'exemple de toutes les vertus civiques, après avoir montré votre intrépidité dans le combat. Maintenez l'ordre. Demeurez calmes; mais conservez avec soin tous vos moyens de défense, augmentez-les même, et si l'on pensait encore à tenter de vous arracher les fruits de votre victoire, qu'on vous retrouve tels que vous étiez dans les immortelles journées des 27, 28 et 29 juillet.

Le préfet de police, A. GIROD, (de l'Ain.)

Par le préfet,

Le Secrétaire-Général provisoire, signé; MALLEVAL.

SOUSCRIPTION POUR LES BLESSÉS, ouverte au Constitutionnel. Le total des sommes reçues aujourd'hui (2 août) s'élève à ....8,665 fr. 45 c. Les jours précédens à ....23,507 fr. 70 c.

Total 52,171 fr. 15 c.

Rue Louis-le-Grand, n.° 35, ce dimanche, le 1.er août 1850.

Mon Général,

Admirateur de la bravoure et de la magnanimité françaises je demande la permission de contribuer un peu au secours des parens des braves morts pour leur patrie et au soulagement des blessés. Je pense que vous me pardonnerez la liberté que je prends à vous remettre ci-inclus un billet de banque de 500 fr.

Avec les sentimens les plus distingués; je suis, M. le Général, etc. JAMES MAHON.

Le 2 août l'office divin a été repris dans toutes les paroisses de la capitale avec la solennité accoutumée. La messe a été célébrée dans l'église de Sorbonne, par M. L'abbé Guillon, professeur d'éloquence sacrée, qui, après la cérémonie, a prononcé les paroles suivantes :

« La divine providence vient de signaler encore par le plus éclatant bienfait la haute protection que dans tous les temps elle a bien voulu accorder à l'illustre nation des francs. Oui, Français, nous sommes véritablement le peuple de Dieu. Pourrions-nous méconnaître son œuvre dans la victoire qui nous a arrachés au joug du despotisme et aux fureurs de l'anarchie? Dieu a vengé solennellement la cause sacrée de la liberté, de l'honneur, de la religion du serment. A la suite du saint-sacrifice que nous allons célébrer pour les vivans et pour les morts, nous chanterons le cantique d'actions de grâces. Chrétiens, Français, empressons-nous de faire retentir les accens d'une pieuse allégresse sous les voûtes de ce temple, le sanctuaire des libertés françaises. Quand le commun danger avait fait de tous les habitans de cette vaste capitale *un seul cœur et une seule âme*, pour la défense de la patrie, pourrait-il se rencontrer des cœurs assez ingrats pour refuser de s'unir à la commune reconnais= sance après que la patrie est sauvée ?

« Nous n'avons besoin, chrétiens, mes frères, d'intéresser votre sensibilité envers les honorables victimes de ces der= nières journées. Nos vœux ont été prévenus dans ce rigou= reux devoir par tous les prodiges de la charité la plus géné= reuse et la plus compatissante. »

— le 29, une réunion des députés, composée de MM. le général Gérard, comte de Lobau; Laffitte, Casimir-Perrier et Mauguin, s'est rendue, à travers la fusillade, chez M. le maréchal duc de Raguse. C'est M. Laffitte qui a porté la pa= role : il a représenté vivement à M. le maréchal l'état déplo= rable de la capitale, le sang coulant de toutes parts, la mousqueterie retentissant comme dans une ville prise d'assaut; il l'a rendu personnellement responsable, au nom des dépu= tés de la France assemblés, des conséquences fatales d'un si triste événement.

M. le maréchal a répondu : « L'honneur militaire est l'obéissance. »

« Et l'honneur civil, a repris M. Laffitte : c'est de ne point égorger les citoyens ! »

Alors M. le maréchal a dit :

« Mais, messieurs, quelles sont les conditions que vous proposez ? »

« Sans trop préjuger de notre influence, nous croyons pouvoir répondre que tout rentrera dans l'ordre aux condi= tions suivantes : le rapport des ordonnances illégales du 25 juillet, le renvoi des ministres et la convocation des cham= bres, le 3 août. »

Le maréchal est convenu que, comme citoyen, il pouvait bien ne pas désapprouver, partager même les opinions de MM. les députés; mais que, comme militaire, il avait des ordres, et qu'il ne fesait que les exécuter; que cependant il s'engagerait à mettre dans une demi-heure, ces propositions sous les yeux du roi.

Mais au surplus, a ajouté M. le maréchal, si vous voulez, messieurs, avoir à ce sujet une conférence avec M. de Poli= gnac, il est ici tout près, et je vais aller lui demander s'il peut vous recevoir.

Un quart d'heure s'est écoulé; M. le maréchal est revenu avec la figure assez altérée, et dit à MM. les députés que M de Polignac lui avait déclaré que les conditions proposées rendaient toute conférence inutile.

« C'est donc la guerre civile, a dit M. Laffitte.

M. le maréchal s'est incliné, les députés se sont retirés.

— Sur la proposition de M. le Général Comte Gérard, M. le Lieutenant-Général Maurin est nommé sous-commissaire au département de la guerre.

— M. Mérilhou remplit à la justice les fonctions de sous-commissaire.

— M. le duc d'Orléans, lieutenant-général du royaume, vient de souscrire pour une somme de cent mille francs en faveur des braves qui ont été blessés dans les mémorables journées des 27, 28 et 29 juillet, ainsi que des familles de ceux qui ont succombé.

—M. le duc de Choiseul a envoyé 500 francs, à la mairie du 1.er arrondissement pour secourir les blessés de la garde nationale.

— La ville de Corbeil est animée des meilleurs sentimens ; on sait qu'elle a suivi le mouvement héroïque de la capitale ; la garde nationale de cette ville s'est emparée de la poudrerie d'Echarcon ; près de deux cents barils de poudre ont été expédiés à Paris sous l'escorte de MM. Pradal, sergent des pompiers, et Mézirard, sergent-major des chasseurs de la garde nationale.

— Trois mille individus du 10.e arrondissement municipal de Paris se sont déjà présentés pour faire le service de la garde nationale. Plusieurs officiers supérieurs qui habitent ce même arrondissement, M. le lieutenant-général Aymé, M. le général Lenoir, M. le colonel de Montmorency, Morres sont venus offrir leurs services.

— On a inhumé le 31, au cimetière du sud, le jeune Vanneau, de l'école polytechnique, tué à l'attaque de la caserne de Babylone, qu'il avait dirigée lui-même ; les honneurs militaires lui ont été rendus par la garde nationale, et un officier municipal a prononcé sur sa tombe un discours rempli de sentimens patriotiques.

— Encore un fait digne de la postérité ! pendant la journée à jamais mémorable du mercredi 27, lorsque, vers 5 heures, le feu le plus soutenu, partant du quai de la grève, battait le quai opposé depuis l'horloge jusqu'au petit pont de l'île saint Louis, une vingtaine de jeunes gens, protégés par le parapet, occupaient et défendaient la tête du pont suspendu de la place de Grève ; de derrière ce rempart, ils faisaient une fusillade nourrie et tuaient beaucoup de Suisses. Ceux-ci fatigués par des ennemis aussi redoutables, veulent les débusquer de la position. Au nombre de 15 ou 20, ils s'avancent sur le pont ; à l'instant les intrépides citoyens se présentent comme de vieux soldats ... leur feu part, trois suisses tombent ; effrayés, les autres se retirent.... aussitôt un des plus jeunes combattans s'élance sur le pont.......... il court au

milieu des balles dirigées sur lui, il arrive aux trois soldats
étendus morts, il s'empare de leurs fusils, de leurs cartouches
et revient au milieu de ses frères d'armes, en leur criant :
Amis ! voici des armes et des balles.....

Quel héroïsme et quel courage !....

— Voici de nouveaux faits et des détails certains sur la
prise de la caserne de Babylone : les jeunes citoyens du fau=
bourg St. Germain, qui savaient que cette caserne renfer=
mait 5oo suisses et deux pièces de canon, s'étaient donné
rendez-vous sur la place de l'Odéon. C'est de cette place
que, sous la conduite de plusieurs élèves de l'école polytech=
nique, et ayant pour commandant en chef un neveu de
M. Benjamin-Constant, ils se sont dirigés vers la rue de
Babylone. Aussitôt leur arrivée devant la caserne, somma=
tion a été faite aux Suisses d'en ouvrir les portes et de se
rendre. Sur leur refus, l'action s'est engagée, et de part et
d'autre le feu était d'une extrême vivacité. La situation de
la caserne, le parti pris par les Suisses de monter dans les
chambres et de tirer par les fenêtres rendait l'attaque aussi
périlleuse qu'elle était audacieuse. Les jeunes gens per=
daient beaucoup de monde et faisaient peu de mal à leurs
adversaires ; mais des sapeurs-pompiers s'étant joints aux
assaillans, ils sont parvenus à couronner les toits de toutes
les maisons voisines et à faire taire le feu de la caserne, que
battait en même temps une pièce de canon en fer prise le
matin, et que, faute de meilleurs projectiles, les jeunes gens
chargeaient avec des briques.

Les Suisses ont enfin pris la fuite ; la plus grande partie
s'est dirigée sur le boulevard en suivant la rue de Babylone.
Les assaillans sont entrés dans la caserne, baïonnette en
avant, et s'y sont emparés des deux pièces et des soldats qui
n'avaient pas eu le temps de s'échapper et qui continuaient
à se défendre ; on s'est contenté de désarmer la plupart de
ceux qui venaient d'être pris de vive force et les armes à la
main ; plusieurs n'ont pu échapper à la juste fureur des vic=
torieux, car quoique la résistance fut sans espoir, elle avait
été longue et meurtrière.

Après sa victoire, la jeune troupe s'est retirée traînant
pour trophée l'artillerie dont elle venait de s'emparer et les
habits des vaincus. Revenus sur la place de l'Odéon, elle y a
fait halte et les chefs ont distribué des fragmens de ces habits
à titre de récompense pour ceux qui s'étaient le plus distin=
gués pendant l'action.

- Les habitans de la rue de Sèvres ont apporté en grande
abondance du pain et du vin à la jeune troupe, le pain a été
distribué, mais tous d'un accord unanime ont demandé que
le vin fut mêlé d'eau. C'était le courage éclairé, le courage
qui, loin de chercher à s'aveugler sur le péril, veut à chaque

instant en mesurer l'étendue, le courage civique qui prési=
dait à toutes les actions de résistance. Il ne régnait qu'une
ivresse, c'était celle que donne l'ardent, le pur amour de
la patrie.

— Nous apprenons qu'un des membres les plus distingués
de l'opposition parlementaire belge, M. le baron de Stassart
qui se trouvait à Paris depuis quelques jours, vient de faire
des demandes pour l'admission en France des quatre exilés
belges. Le succès de ses démarches ne pouvait être douteux.
M. Bavoux, préfet de police, s'est empressé d'accueillir cette
demande.

— M. Lefebvre, commandant le poste établi dans la rue
des Martyrs, a reconnu sous les habits masculins une jeune
dame armée d'une épée et de pistolets. En vain on lui expo=
sait le danger qu'elle courait : « Je n'ai point d'enfans, disait»
« elle : voici mon mari dont je partage tous les sentimens,
« je suis auprès de lui, et je mourrai avec lui s'il le faut. »

— Lorsques Charles X est passé à Saint-Cyr avec toute
sa famille, un détachement de gendarmerie à cheval formait
l'avant-garde; puis venaient environ 200 gardes du corps
précédant la voiture, les voitures de la cour, dans lesquelles
se trouvaient les ministres. Charles et son fils étaient à che=
val, entourés et suivis de gardes du corps, de cuirassiers et
de gendarmes.

Ces troupes composaient une force d'environ 1500 hommes;
elle avait avec elle 6 pièces de canon de dix. La contenance de
toutes les personnes qui faisaient partie de cette troupe avait
quelque chose de sombre et de sinistre comme un convoi.

— M. Perare, militaire de l'ancienne armée, a arboré le
drapeau tricolore sur le pont de Sèvres, au milieu des feux
de mousqueterie et des charges de lanciers, et s'est ensuite
emparé d'un drapeau appartenant aux suisses de la garde;
il est venu à la ville et l'a remis au général La Fayette, qui
l'a embrassé.

— Voici une action qui mérite d'être recueillie. Un em=
ployé du jardin de Rivoli n'ayant pu se procurer aucune
arme, se trouvait le 28 sur les boulevards au moment où dé=
filait une troupe de lanciers. L'encombrement des arbres
arrêta leur marche; lorsque le dernier lancier s'apprêtait à
suivre ses camarades, notre jeune parisien se glisse à tra=
vers les feuillages qui le cachaient et coupe avec son cou=
teau la selle du cheval; le lancier chancelle et tombe; le che=
val et le militaire sont restés au pouvoir de ce jeune homme
qui n'a reçu qu'un faible coup de sabre dans le dos.

— Les artistes français voulant honorer la belle conduite
de l'école polytechnique, ont résolu de faire frapper une
médaille en leur honneur. L'exécution est confiée au talent
de M. Domard.

: — Il paraît certain que, dès ce matin, les ambassadeurs des puissances
étrangères, présens à Paris, ont donné à monseigneur le duc d'Orléans,
au nom de leurs souverains respectifs, l'assurance des dispositions les
plus amicales.

— Les hommes qui ne peuvent plus nous effrayer de la royauté,
de l'article 14, de l'armée des Suisses, vont nous parler de l'Europe
qui a vu l'événement par ses ambassadeurs, qui sont toujours restés à
Paris, et qui déclarent aujourd'hui qu'ils ne quitteront point la capitale.
Cette circonstance seule prouve qu'ils ont bien jugé ce qui vient de
se passer. Et d'ailleurs, voudrait-on une seconde fois nous faire ache=
ter la liberté par la gloire! Il en a trop coûté à tout le monde. Est-ce
Ferdinand, est-ce Miguel qui tenteraient cette épreuve? L'Angleterre
y a dépensé quinze milliards! Les rois y avaient perdu leurs couronnes!
Les peuples y ont versé du sang inutile! On n'y reviendra pas. Organi=
sons la France, c'est la réponse à tout.

Les voitures de la dauphine, celle notammant qui portait son argen=
terie, sont tombées au pouvoir du peuple; les valeurs qu'elles portaient
ont été mises en sûreté.

— Les sept ministres étaient aux Tuileries jeudi à midi quand on
s'est emparé du château. Ils se sont retirés avec le premier bataillon
de la garde qui a fait retraite. Si le peuple eût été instruit de cette
circonstance, pas un homme vivant ne serait sorti du château. Dans
la salle des maréchaux on a fusillé le portrait du maréchal de Raguse.
Au premier buste de Louis XVIII qu'on a trouvé, une main écrivit
sans orthographe : *respaot au fondateur de la charto,* et en effet pas une
des effigies du roi-législateur n'a été atteinte.

— Pendant que le riche mobilier de l'archévêché flottait sur la Seine et
allait effrayer la cour à Saint-Cloud, quelques individus ont tenté de
se mettre à la nage du côté de Chaillot pour s'emparer de quelques
débris. On les en a écartés à coups de fusil des deux côtés de la
rivière.

— Les trois couleurs nationales et le *Coq gaulois* sont les signes de
ralliement adoptés par le peuple français.

— Le château de Vincennes a dû faire, à six heures, sa soumission
au lieutenant-général du royaume.

— Le colonel Fabvier est nommé commandant provisoire des Inva=
lides.

— Le 29, la cour avait envoyé de ses troupes pour arrêter Mgr. le
duc d'Orléans à Neuilly. Quand on a su que le prince était parti pen=
dant la nuit pour Paris, on a rendu aussitôt une ordonnance royale
qui met le prince *hors la loi,* et ordonne à tous les *sujets* de lui
courir sus.

— La nomination des 76 pairs faite par l'ordonnance du 5 novembre
1827 est réputée nulle et non avenue.

Les anciens ministres Villèle, Corbière, Damas, Clermont-Tonnerre;
les ministres actuels Polignac, Peyronnet, Guernon-Ranville, d'Haussez,
Capelle, Montbel et Chantelauze sont déclarés traitres envers la nation.

MONS. — TYPOGRAPHIE DE HOYOIS-DERELY, LIBRAIRE, RUE DES CLERCS N.º 10.

Ministère de l'intérieur.

— Après avoir pris les ordres de S. A. R. Mgr. le duc d'Orléans, lieutenant-général du royaume, le commissaire chargé provisoirement du département de l'intérieur, arrête ce qui suit :

Quatre commissaires seront chargés, dans chaque arrondissement municipal de la ville de Paris, de recueillir les noms des victimes des derniers événemens, soit de celles qui ont succombé, soit de celles qui en ont notablement souffert, et de prendre des renseignemens sur l'état de leurs familles. Ils dresseront un tableau de ces renseignemens et nous les transmettront aussitôt, afin que nous puissions prendre ou proposer les mesures nécessaires pour acquitter la dette de la patrie.

Paris, à l'hôtel du ministère de l'intérieur, 1er août 1830.

Le commissaire chargé proivisoirement du département de l'intérieur, GUIZOT.

———

— Plusieurs officiers de la garde après avoir cédé aux habitudes de l'obéissance passive, ont noblement protesté le lendemain par l'envoi de leur démission contre les atrocités des ordres infâmes qui leur avaient été adressés par M. de Polignac, et qu'il avait résumés en ces mots féroces et stupides : « Tirez où vous voudrez et où vous pourrez. » L'un d'eux M. le Comte Raoul de la Tour du Pin, a accompagné sa démission de la lettre suivante, adressée à M. de Polignac. Cette lettre restera comme un monument des vrais sentimens dont il ne sera jamais permis à un digne militaire d'abjurer l'empire :

Monseigneur,

« Après une journée de massacres et de désastres, entreprise contre toutes les lois divines et humaines, et à laquelle je n'ai pris part que par un respect humain que je me reproche, ma conscience me défend impérieusement de servir un moment de plus.

« J'ai donné dans ma vie d'assez nombreuses preuves de dévoûment au Roi pour qu'il me soit permis, sans que mes intentions puissent être calomniées, de distinguer ce qui émane de lui, des atrocités qui se commettent en son nom. J'ai donc l'honneur de vous prier, Monseigneur, de mettre sous les yeux de S. M. ma démission de Capitaine de sa garde.

J'ai l'honneur etc.

Signé Le Comte RAOUL de la Tour du PIN.

28 juillet 1830.

— Charles X, qui avait couché vendredi à Trianon, y a dîné le lendemain, et il est allé coucher à Trappe, sur la route de Rambouillet: on a rallié à grand'peine toutes les troupes disponibles pour les échelonner sur son passage jusqu'à Orléans, où l'on comptait prendre les Suisses qu'on espérait y trouver encore.

L'intention de cette marche ne paraît pas douteuse et semble annoncer l'intention de se retirer dans la Vendée: il paraît certain d'ailleurs par les nouvelles que nous recevons de différentes voies que telle a été la résolution arrêtée, et que le général Donnadieu a reçu l'ordre de faire armer en toute hâte le château de Saumur; mais ce château n'offre point de moyens de résistance: s'il domine la ville, il est lui même dominé par les hauteurs voisines. Ce n'est point une place forte, et il ne tiendrait pas trois jours, bien qu'il soit commandé par un homme énergique, le général Morin.

Les troupes qui suivent Charles X et qui paraissent protéger sa marche sont encore en assez grand nombre: mais affaiblies par la fatigue et surtout démoralisées par le mauvais succès non moins que par l'exemple des défections qui continuent plus fortes que jamais. Parmi ces troupes sont les lanciers dont le régiment ne compte plus que 250 hommes.

Le dîner de Trianon a été nombreux et animé; Charles X s'y est montré très-familier et très-affectueux pour les maréchaux et les officiers-généraux qu'il y avait invités. *Soyez tranquilles, mes amis*, leur a-t-il dit, *cela ne durera pas cent jours.*

— Après qu'on eut appris à Saint-Cloud la retraite de la garde royale sur cette résidence, il s'est passé dans le château des scènes qui annonçaient que chacun y avait perdu la tête.

Au moment où M. le duc de Raguse est venu rendre compte du résultat de l'abominable mission dont il s'était chargé, M. le duc d'Angoulême était à cheval à la tête de quelques troupes. A peine écouta-t-il le récit du maréchal, et il lui dit avec hauteur: Savez-vous à qui vous parlez? — Au dauphin répliqua le duc de Raguse. — Le roi m'a nommé généralissime, répartit le prince. — Je l'ignorais, répondit le maréchal, mais je n'en suis pas surpris. — Eh bien, ajouta le dauphin, je vous déclare, en cette qualité, que l'échec qu'on vient d'essuyer n'est dû qu'à vous et que vous êtes un traître. Puis, se tournant vers un garde-de-corps, il lui ordonna de recevoir l'épée du maréchal. Le prince la prit ensuite et chercha à la briser de ses deux mains sur le pommeau de la selle de son cheval. Enfin, il ordonna au duc de Raguse d'aller tenir les arrêts. Le maréchal se retira.

Bientôt Charles X fut informé des détails de cette singulière altercation et il blâma entièrement la conduite brutale de son fils; mais ne voulant pas lui donner tort aux yeux de la cour, il restreignit la durée des arrêts à quatre heures. Après ce temps écoulé, l'heure du dîner arriva; le couvert du duc de Raguse était mis; mais il ne crut pas devoir paraître à table.

Plus tard, l'ex-roi remit à M. de Mortemart, comme nous l'avons déjà annoncé, ses pleins-pouvoirs, pour traiter de son abdication et même de celle du duc d'Angoulême en faveur du duc de Bordeaux, afin, disait-il, de conserver dans sa famille un lambeau de la monarchie. Une négociation de cette espèce embarrassa M. de Mortemart, et il parut ne pas vouloir l'entreprendre sans avoir une autorisation écrite. Charles x, pour lever ses scrupules, lui jura foi de gentilhomme, de chevalier et de chrétien, qu'il ne reviendrait en aucune façon sur les engagemens qui seraient contractés en son nom. Il était vivement ému et versait des larmes. Cependant, comme le duc de Mortemart insistait pour avoir une signature, Charles x répondit, en montrant sa main tremblante, qu'il n'était pas en état de signer.

— M. Edouard Terneaux, arrivé à franc étrier de Clermont à Paris, en vingt heures, a vu partout sur son passage, les gardes nationaux organisés. Le drapeau tricolore flotte à Lyon, Clermont, Riom, Moulins, Nevers, la Charité-sur-Loire. Nulle part les troupes ne montrent d'hostilité contre le peuple. A Lyon, les postes sont partagés entre la ligne et la garde nationale. La duchesse d'Angoulême a passé deux jours à Fontainebleau. Elle est|partie hier samedi, à dix heures du soir, se dirigeant sur la route d'Orléans. A Moulins, le procureur du roi M. Meilheurat, et le maire Delatrousse ont donné leur démission aussitôt après l'arrivée des ordonnances. Les préfets sont dans les plus grands embarras; ils laissent les gardes nationales se former sous leurs yeux, sans le moindre obstacle. Cent cuirassiers avaient été envoyés de Nevers sur Bourges; mais ils avaient déclaré, en partant, qu'ils n'y allaient que pour obéir à leur chef, mais qu'il ne tireraient point sur le peuple. A la Charité-sur-Loire, les rues étaient encombrées de monde qui attendait l'arrivée de la malle. La proclamation de M. Lafayette a été lue tout haut dans les rues et couverte d'applaudissemens. Sur les routes, on ne voit que des voitures qui se dirigent sur Paris. Les diligences ne voyagent plus que surmontées d'un drapeau tricolore. A Nimes et à Saint-Flour, l'arrivée des ordonnances a produit la plus grande sensation.

— Le baron Louis a transmis par le télégraphe aux agens du trésor de Toulon l'ordre de ne livrer qu'au gouvernement actuel les 15 millions d'Alger. Il a reçu, en réponse, l'assurance que ses ordres seront exécutés.

— Vincennes est rendu définitivement. Le drapeau tricolore flotte sur le donjon depuis cinq heures du soir.

— Les détails qui suivent sont extraits de lettres, de rapports et de pièces dont les originaux paraissent avoir été perdus dans le désordre de la retraite. L'état dans lequel se trouvent la plupart de ces pièces prouve qu'elles sont tombées dans la boue.

La première est un petit billet sans date, sans indication précise, qui ne contient que ces mots : « Il faut demander au ministre un sup= « plément calculé de manière à ce que chaque régiment, en comptant « ce qui lui reste, soit pourvu de 50 cartouches par homme. »

Écrit de 7 de M.¹. Dans une lettre écrite le 28 juillet à un des colo= nels de l'infanterie de la garde, il est dit : « M. le Colonel, M. le « Major vous autorise à faire distribuer aujourd'hui à vos frais la quan= « tité de vin que vous jugerez nécessaire aux troupes sous vos ordres : « les frais vous en seront remboursés. »

Il paraît que, dès le 28, la résistance de Paris ne permettait plus de distribuer aux troupes les rations de pain en quantité suffisante; le duc de Raguse écrivit à ce sujet à Charles x. Voici la réponse qu'il reçut de St.-Cloud le même jour à onze heures ¹/₄ du soir : « J'ai eu l'honneur « de remettre votre lettre à S. M. D'après ses ordres, M. le Chambellan « de service à mis tous ses employés en course pour faire confectionner « le pain dont vous avez besoin. J'en ai demandé 30,000 rations. Je « crains qu'il ne soit difficile d'en obtenir la moitié pendant la nuit; « aussi en ai-je commandé 25,000 à Versailles. Malgré ces deux com= « mandes, je crains que le pain ne vous arrive pas avant dix heures « du matin. »

Le 28, 248 litres de vin furent distribués aux troupes de la garde qui étaient stationées sur le Carrousel. Cette distribution fut faite pour le service du roi, dit le reçu.

Une somme de 18,241 fr. 40 c. devait être distribuée le jeudi 29 juillet par ordre du roi, et à compte sur la gratification qu'il avait accordée. On voit par le reçu que, ce jour là, il ne fut payé que 10,000 fr. Un bon pour la somme de 25,000 fr. fut délivré comme à-compte au 6.ᵉ ré= giment de la garde. Enfin un autre bon pour la somme de 8,000 fr., destinée au 5.ᵉ régiment de ligne, porte que c'est « à valoir sur la gra= » tification d'un mois de solde que S. M. a bien voulu accorder à » l'armée, par son ordre du jour du 29 juillet.»

Cet ordre du jour doit être un monument historique d'une haute importance par son objet et les termes dans lesquels il est indiqué.

Ainsi : le vin pour égarer la raison ; l'argent pour étouffer la voix de la conscience et le cri de l'humanité; un million de balles pour exter= miner les habitans de la bonne ville de Paris; tels sont les derniers actes du règne de Charles x et des derniers aveux au peuple français.

— Au coin de la rue de Valois-Batave, où un combat d'une heure avait eu lieu, un ouvrier veut monter le pre= mier dans la maison du magasin de *Jeanne d'Arc*, où les gardes royaux étaient entrés de vive force; il en sort le pre= mier en tenant dans ses bras deux soldats blessés, et mena= çant tous ceux qui oseraient faire feu sur eux. Ces deux blessés, ainsi que plusieurs autres, ont été transportés à l'hôtel du Périgord, où tous les soins leur ont été prodigués.

Dans la même rue, quelques individus entrés dans la maison de *Jeanne d'Arc*, jetaient par les croisées des plats d'argent; aussitôt, de braves ouvriers qui se trouvaient là se sont empressés de les ramasser et de les porter dans une maison voisine.

¹ On n'a pu deviner les abréviations et le sens de ces mots.

— Une des plus belles actions que nous aimons à rapporter est celle-ci : « le 29, dans le plus fort de la fusillade des Suisses, au château du Louvre, plusieurs gardes nationales et autres, vis-à-vis la grande porte de la rue du Coq, avançaient et reculaient aux décharges des Suisses. Un chef de bataillon de l'ancienne armée, Piémontais naturalisé Français, âgé de plus de 60 ans, cheveux blancs, avec un pistolet à la main, animait de la voix nos braves défenseurs et leur disait : « Courage, courage, mes amis, n'ayez pas peur; les « balles des soldats Suisses ne peuvent atteindre un cœur « français, et ne doivent pas affaiblir votre bravoure « connue de toute l'Europe ; courage, marchons à la victoire.....! »

— Le général Lafayette a résigné ses pouvoirs politiques entre les mains de M. le duc d'Orléans, en se réservant l'autorité communale. Ils se sont montrés ensemble au peuple, qui les a salués par les plus vives acclamations.

— Le premier monument qui doit être élevé sera une colonne en l'honneur du peuple de Paris pour perpétuer sa résistance héroïque.

— Parmi les braves qui, dans la journée du 29, se sont distingués à la fusillade du boulevard de Saint-Denis et de Bonne-Nouvelle, se trouvait un ouvrier charpentier qui, en deux heures de temps, a tué quatorze gardes royaux. Une balle qu'il a reçue au genou gauche l'a forcé à suspendre ce qu'il appelait son service. Comme on le transportait chez lui et que quelques personnes voulaient lui donner de l'argent et le recevoir chez elles pour le soigner : C'est inutile, a-t-il répondu, chacun pour soi.

— Le dernière ordonnance que Charles X ait signée à Saint-Cloud, est l'abolition de l'école polytechnique.

— M. Lanjuinais, pair de France, a combattu avec une rare intrépidité dans les rangs des défenseurs de la liberté. On l'a vu revêtu de son habit de pair, se jeter, l'épée à la main, sur une pièce de canon.

— M.me Laval, de la rue S.t-Denis, est signalée par les habitans de son quartier pour l'héroïsme de sa conduite. Mère de quatre fils, elle les a constamment encouragés dans les travaux des barricades par ses énergiques exhortations et son exemple. Ces remparts une fois terminés, elle les a armés, conduits elle-même dans les rangs de nos braves, et, uniquement occupée pendant les trois jours de combat à leur préparer des alimens, elle les renvoyait après quelques instans de repos reprendre leur poste d'honneur. Ces jeunes gens ont répondu au patriotique dévoûment de leur mère.

— La commission dramatique, composée de MM. Casimir Delavigne, Etienne, Scribe, Dupaty, Victor-Ducange, Melesville, Boëldieu, Catel, Mazères, Moreau, Bailly, Dela=

vaille, Carmouche, Merville, d'Epagny, Auber, Planard, Rougemont, informée que les différens théâtres de Paris préparent des représentations dont le produit est destiné au soulagement des blessés, des veuves et des enfans des citoyens morts dans les journées des 27, 28 et 29 juillet, jalouse d'associer les auteurs à cette œuvre de justice et de reconnaissance, déclare, au nom de ses commettans, abandonner à cette destination le produit total du droit des auteurs dont les pièces seront jouées dans ces différentes représentations, tant à Paris que dans les départemens.

— Le prince de Condé a souscrit pour une somme de 6,000 francs, en faveur des braves qui ont été blessés ainsi que des familles de ceux qui ont succombé.

La veuve du général Foy a souscrit pour 2000 francs.

— Partout le même enthousiasme, le même héroïsme. Pendant que les habitans de Neuilly repoussaient la garde royale à coups de fusils de l'autre côté de la Seine, les braves habitans de Courbevoie et de Puteaux, n'ayant d'autres armes que des bâtons et des instrumens de jardinage, sont allés attaquer la caserne de Courbevoie, gardée par un dépôt du 5e régiment de la garde. En moins d'une heure, ils se sont emparés de la caserne et des armes des soldats qui la gardaient.

— 250 hommes de la garde royale ont été conduits par le peuple au poste de l'hôtel-de-ville, où ils ont fait leurs soumissions au gouvernement provisoire.

— La commune de Clichy-la-Garenne, qui se trouvait dépourvue d'armes dans la crise nationale, a fait fabriquer en six heures de temps 75 piques, qui ont coûté 129 francs. Le prix en a été acquitté à l'instant et remboursé par une collecte qui a produit 116 francs de plus. Cette excédant a été distribué le même soir aux habitans à qui la suspension de leurs travaux rendait ce secours utile.

— Le docteur Pierquin s'est battu à la porte Saint-Denis, où il est arrivé des premiers ; après avoir tiré les cinq cartouches qu'il possédait, sur les lanciers et leur commandant, il s'est livré avec zèle au pansement des blessés. Dès le 26 au soir, le docteur Pierquin, nommé médecin en chef de la 2.me légion de la garde nationale, par M. Delaborde, a établi une ambulance au manège.

— Honorable victime de son dévoûment aux lois et au pays, M. Jenneson a été tué à l'attaque de la rue Saint-Nicaise ; son corps a été porté hier par ses compagnons de périls et de gloire au cimetière Montmartre. Notre célèbre Charlet marchait en tête du convoi. Arrivés au bord de la fosse, M. Gabriel, auteur dramatique, a improvisé le discours suivant : « Brave garde national, tu es mort en re- « poussant une digne agression : que ton sort est à envier et « qu'en même-temps il est à plaindre ! Tu ne seras pas té-

« moins-du bonheur dont nous allons jouir sous l'égide d'une
« sage liberté ! Reçois en ce moment le dernier tribut de notre
« reconnaissance; tes frères viennent t'accompagner au champ
« d'éternel repos et verser des larmes sur tes cendres. Adieu ,
« adieu, digne enfant de notre chère patrie! *Vive la France!*»

— M. le duc d'Orléans, accompagné de sa sœur et de sa
fille , a dû visiter les ambulances et porter des secours pécu-
niaires aux blessés. On assure qu'il a affecté à cet usage des
sommes considérables.

— On annonce que l'Alsace, les Vosges et la Lorraine sont
en pleine insurrection, et que les habitans de Nancy ont choisi
pour les commander le brave Drouot, aussi distingué par ses
talens militaires que par son désintéressement.

— M. Lafayette a mis 500,000 f. à la disposition des membres de la commision municipale.

— Par l'acceptation de la part du duc d'Orléans de la
lieutenance du royaume, les portes de la France sont ouvertes
dès ce jour aux conventionnels que la chambre de 1815
avait banis à Bruxelles en opposition à la loi d'amnistie.

EVENEMENS DE SEVRES ET DE SAINT-CLOUD.

On n'avait recueilli jusqu'ici que des bruits assez vagues sur les événemens dont Saint-Cloud a été le théâtre dans la journée du 29 .Ils
méritaient d'être connus; on peut tenir pour certains ceux qu'on va
lire.

Vers sept heures du matin un petit corps, sous les ordres du Général
Lafont-Cavaignac, député, l'un des 181, s'est rangé en bataille à Sèvres; la gauche appuyée au pont, que deux pièces d'artillerie enfilaient
la droite à la petite entrée du parc, près de la caserne. Il se composait
des restes du 3.° régiment d'infanterie de la garde, des restes d'un régiment suisse et de huit pièces d'artillerie, y compris les deux pièces
placées au pont, mèche allumée.

Un profond abattement était peint sur tous les visages, et lorsque
M. le Dauphin a paru, pas un cri ne s'est fait entendre. Ce prince était
accompagné du duc de Raguse, du duc de Guiche et de deux autres
généraux l'un d'eux était, dit-on, le général Saint-Hilaire. Cinq
à six gardes-du-corps composaient seuls son escorte. M. le Dauphin
adressa aux différens corps en masse, et à quelques hommes en particulier, des paroles d'encouragement. Un silence effrayant suivait toutes
ses allocutions. Enfin, il dit à un brigadier d'artillerie : « Le peuple
» égaré de Paris en veut à son roi ; des factieux renversent son trône;
» on dit que leurs avant-postes s'avancent. Nous défendrez-vous ? —
» Mon prince, a répondu cet homme, nous plaignons votre situation et
» celle du roi : mais notre cœur saigne d'avoir été contraints à tirer
» sur nos concitoyens : nous ne tirerons ni sur vous, ni sur eux. Le
» roi, en rompant ses sermens, nous a dégagés des nôtres. »

Le prince, qui avait écouté d'un air morne, n'a plus ajouté un
mot; il s'est dirigé vers le pont, et là, après un instant de délibération
avec les généraux, entendant déjà à peu de distance le bruit des
coups de fusil, et convaincu que les soldats ne se battraient pas, il a
donné l'ordre du départ de la brigade, qui est rentrée dans le parc.
Les Suisses marchaient les premiers, le 3.me régiment de la garde venait après, l'artillerie fermait la marche. Mais déjà un certain nombre
d'hommes du 3.e avait quitté les rangs; ils déploraient hautement la
guerre criminelle où on les avait entraînés. Les Parisiens ne nous

pardonneront jamais d'avoir tiré sur eux, disaient-ils. Les uns brisaient leurs fusils, les autres les jetaient dans le fleuve, foulaient aux pieds leurs bonnets. Ils se sont répandus dans le village, et l'on a su d'eux que chaque compagnie avait reçu un billet de 1000 francs. On avait vu en effet quelques sous-officiers changer de grand matin de ces billets contre de l'argent.

Un des officiers, celui qui marchait le dernier, tenait la pointe de l'épée basse; les tambours, placés derrière, ne battaient pas : on aurait cru assister à une pompe funèbre. Le dauphin fermait la marche. Quelques hommes furent laissés pour observer les manœuvres des tirailleurs qui s'approchaient.

Bientôt on vit paraître trente hommes sur le pont, où une faible barricade était construite; une cinquantaine arrivent en même temps par la rive droite de la Seine. C'étaient les habitans de Meudon et des environs, quelques-uns armés de fusils, les autres de fourches et de bâtons. Un homme qui portait l'habit bourgeois, mais qu'il était facile de reconnaître comme étant habitué au commandement, les invite à ne pas faire feu sur des soldats qui ne voulaient plus faire usage de leurs armes. L'arrivée d'une douzaine de lanciers accourant au galop, ne leur permit pas de suivre ce conseil; accueillis à coups de fusil, ils se retirèrent, mais revinrent deux fois à la charge; au troisième feu, quelques-uns furent blessés, et on ne les revit plus. Les éclaireurs laissés par le dauphin s'étaient retirés.

Les vainqueurs s'avancent, entrent dans le parc au pas de course, et bientôt maîtres du château, y arborent le drapeau tricolore; aucun désordre ne fut commis. La plus forte partie de la brigade, commandée par M. Lafont, quitte les rangs et se débande; les canonniers, assis sur leurs pièces, déclarèrent qu'ils ne tireraient pas. Quatre canons furent le prix de la victoire; les quatre autres eurent le temps de s'éloigner.

Tous ces faits se passèrent en présence des voyageurs descendus des malles postes de Brest et de Nantes, que le général Lafont s'était obstiné à retenir ainsi que les voitures, malgré un ordre délivré à Versailles par le général Bordesoulle. Ces voyageurs étaient, si nous sommes bien informés, M. Beslay, député; un aide-de-camp de M. le duc d'Orléans; M. Gouri, manufacturier de Landerneau, et un autre manufacturier, M. Joubert Bonnaire, d'Angers. Deux de ces messieurs se trouvèrent en quelque sorte mêlés aux événemens.

Il était près d'une heure lorsque le château fut pris; et les villageois en étaient encore maîtres à cinq heures, lorsque, sur l'ordre du Dauphin, les lanciers firent une attaque sous les ordres de M. le duc de Fimarcon, leur lieutenant-colonel; le drapeau blanc fut arboré de nouveau, mais un détachement de citoyens arrivés de Paris seconda une nouvelle attaque, et après une fusillade meurtrière, le château fut repris; M. de Firmacon fut blessé grièvement. Des soldats et des citoyens ont payé de leur vie le singulier point d'honneur qui avait décidé l'attaque : on ne voulait pas laisser, disait-on, une poignée de villageois maîtres de la résidence royale.

SOUSCRIPTION POUR LES BLESSÉS, *ouverte au* Constitutionnel.

Le 2 août .... 21,694 fr. » c.
Les jours précédens .... 52,171 fr. 15 c.

Total 55,865 fr. 15 c.

MONS. — TYPOGRAPHIE DE HOYOIS-DERELY, LIBRAIRE, RUE DES CLERCS N.° 10.

CHAMBRE DES DÉPUTÉS.

Séance d'ouverture (5 août.)

Cet séance, dite dans d'autres temps *séance royale*, avait lieu comme chacun sait, dans le palais du Louvre, et c'était surtout par les gens de la cour que les tribunes se trouvaient presque exclusivement occupées. Aujourd'hui la cour a disparu, et la nation se montre dans toute sa force et toute sa dignité. Au dehors on n'aperçoit sous les armes que gardes nationaux à pied et à cheval en brillante tenue, des volontaires que le patriotisme a faits soldats depuis le 27 juillet, et autour d'eux un peuple immense qui a si puissamment secondé leurs victorieux efforts. Au-dedans les tribunes sont remplies par des dames élégamment parées et des citoyens de toutes les conditions, parmi lesquels règnent l'union la plus franche et la cordialité la plus parfaite. On distingue dans la foule de jeunes élèves de l'école polytechnique et les regards se portent sur eux de toutes les parties de la salle. Deux tribunes seulement ont été réservées : dans l'une, destinée au corps diplomatique se trouvent quatre personnes, parmi lesquelles on distingue le ministre des États-Unis d'Amérique ; l'autre encore vacante, doit être occupée par M.me la duchesse d'Orléans et sa famille.

A la place du bureau où siégent le président et les secrétaires s'élève un dome recouvert de velours violet, et au faîte duquel est une couronne surmontée d'un drapeau tricolore. Sous le dais est placé un fauteuil, entourés de plusieurs drapeaux semblables. La joie brille dans tous les yeux à l'aspect de ces couleurs nationales, si long-temps exilées de la patrie.

Les premiers députés qui se présentent sont : MM. de Boudy, Laisné de Villevesque, Demarcay, Martin, de Sade, Méchin, Labbey de Pompières, Étienne, Dupin aîné, Charles Dupin, Villemain, de Tracy. Leur nombre s'accroît à chaque instant, et un groupe considérable se forme autour de M. Laffitte, qui parle à ses collègues avec beaucoup de vivacité; on y remarque MM. de Corcelles, Kératry, Eusèbe Salverte, Beraud, de Puyraveau, Benjamin Delessert, de la Pommerage, de Gonves de Nuncques, Sebastiani, Viennet, Delessert, Duvergier de Hauraime.

Beaucoup de membres qui n'avaient pas assisté aux dernières séances sont venus à celle-ci ; on aperçoit entr'autres MM. de Vatismenil, Potou, de Caux, Mestadier, Hyde de Neuville, Gauthier, de Saint-Cricq.

Mais plusieurs membres de l'ancien côté droit, dont la présence excite une sorte de surprise, sont surtout l'objet

de la curiosité publique. MM. Berryer, Jacquinot de Pam-
-pelune et Royer causent ensemble à voix basse, et leurs fi-
gures forment un contraste sensible avec celles des autres
députés qui les environnent. M. Félix de Conny, qui paraît
plus résigné, salue cordialement beaucoup de ses collègues;
M. Meffray s'est placé auprès de M. Delalot, et non loin de
là, est M. Murat, ex-Préfet de la Seine inférieure. On aperçoit au centre, et de toutes parts, on montre avec un empressement marqué, avec des réflexions de plus d'un genre, MM.
de Vaulchier, Syrieys, de Marynhac, Boisbertrand, l'amiral
d'Augier, André de la Hozère, Arthur de la Bourdonnaye,
de Lardemelle de la Moselle.

Les bancs du côté droit ont été destinés à MM. les pairs
de France, et cette partie de la salle a été l'objet d'une sérieuse
attention. Soixante membres environ de la chambre des
pairs viennent successivement s'y placer. Nous apercevons,
MM. de Châteaubriand, Seguier, Chaptal, Pasquier, Decaz-
zes, de Choiseul, d'Ambrugeac, le maréchal Maison, le duc
de Trévise, de Sémonville, Molé, le duc de Coigny, le comte
de Sussy, Grosbois, Barante, Saint-Aulaire, Roy, de
Caraman, le duc de Praslin, le général Dejean, Bastard de
l'Etang, Laguinais, de Volney, de Montalivet, Portalis, etc.

Cette assemblée est au nombre de 500 environ, dont 240
députés; tous sont en habits bourgeois.

Vers une heure, des salves d'artillerie et les acclamations
du dehors annoncent l'arrivée du prince lieutenant-général
du Royaume.

Aussitôt les députés et les pairs prennent place; et le
plus profond silence s'établit. Le duc d'Orléans précédé
seulement de la grande députation et de ses aides-de-camp,
et accompagné de son jeune fils, le duc de Nemours, entre
d'un pas ferme, la tête découverte et revêtu du costume de
lieutenant-général. Il monte seul avec son fils par l'escalier
du côté droit, et après avoir salué l'assemblée, il s'assied
sur un tabouret au-devant du trône resté vide. Le jeune
duc de Nemours prend place à côté de son père.

Aussitôt, et de tous côtés de la salle s'élèvent à la fois les
cris unanimes de *vive d'Orléans*, *vive la charte*, *vive la liberté*.
C'est au milieu de ces acclamations et des applaudissemens
que M.ᵐᵉ la duchesse d'Orléans et les princesses ses filles
entrent dans la tribune qui leur est réservée.

Cependant, à ce moment d'enthousiasme succède bientôt
la plus silencieuse attention. *Messieurs, asseyez-vous*, dit
d'abord le prince en promenant ses regards sur toute l'assemblée. Puis, d'une voix grave, et avec l'accent d'une profonde conviction, et lit le discours suivant:

« Messieurs, Paris troublé dans son repos par une déplorable violation des lois et de la charte, se défendait avec un courage héroïque.

Au milieu de cette lutte sanglante, aucune des garanties de l'ordre social ne subsistait plus. Les personnes, les propriétés, les droits, tout ce qui est précieux et cher à des hommes et à des citoyens, cou= rait les plus grands dangers (bravos).

« Dans cette absence de tout pouvoir public, le vœu de mes conci= toyens s'est tourné vers moi. Ils m'ont jugé digne de concourir avec eux au salut de la patrie; ils m'ont invité à exercer les fonctions de lieutenant-général du royaume.

« Leur cause m'a paru juste; les périls immenses, la nécessité impé= rieuse, mon devoir sacré. Je suis accouru au milieu de ce vaillant peuple, suivi de ma famille, portant ces couleurs qui ont marqué parmi nous le triomphe de la liberté.

« Je suis accouru, fermement résolu à me dévouer à tout ce que les circonstances exigeraient de moi dans la situation où elles m'ont place pour rétablir l'empire des lois, sauver la liberté menacée, et rendre impossible le retour des grands maux, en assurant à jamais le pouvoir de cette charte, dont le nom invoqué pendant le combat, l'était encore après la victoire.

« Dans l'accomplissement de cette noble tâche, c'est aux chambres qu'il appartient de me guider. Tous les droits doivent être solidement garantis, toutes les institutions nécessaires à leur plein et libre exer= cice doivent recevoir le développement dont elles ont besoin. Attaché de cœur et de conviction aux principes d'un gouvernement libre, j'en accepte d'avance toutes les conséquences. Je crois devoir appeler dès aujourd'hui votre attention sur l'organisation des gardes nationales, l'application du jury aux délits de la presse, la formation des adminis= trations départementales et municipales, et avant tout, sur cet article 14 de la charte qu'on a si odieusement interprété.

C'est dans ces sentimens, messieurs, que je viens ouvrir cette session : le passé m'est douloureux; je déplore des infortunes que j'aurais voulu prévenir, mais au milieu de ce magnifique élan de la capitale et de toutes les cités françaises, à l'aspect de l'ordre renaissant avec une merveilleuse promptitude, après une résistance pure de tout excès, un juste orgueil national anime mon cœur, et j'entrevois avec confiance l'avenir de la patrie. Oui, messieurs, elle sera heureuse et libre cette France qui nous est si chère; elle montrera à l'Europe qu'uniquement occupée de sa prospérité intérieure, elle chérit la paix aussi bien que ses libertés, et ne veut que le bonheur et le repos de ses voisins. Le respect de tous les droits, le soin de tous les intérêts, la bonne foi dans le gouvernement, sont le meilleur moyen de désarmer les partis et de ramener dans tous les esprits cette confiance dans les institu= tions, cette stabilité, seuls gages assurés du bonheur des peuples et de la force des états. Messieurs les pairs et messieurs les députés, aussitôt que les chambres seront constituées, je ferai porter à votre connais= sance l'acte d'abdication de S. M. le roi Charles X. Par ce même acte, S. A. R. Louis-Antoine de France, dauphin, renonce également à ses droits. Cet acte a été remis entre mes mains, hier 2 août, à onze heures du soir. J'en ordonne ce matin le dépôt dans les archives de la cham= bre des pairs, et je le fais insérer dans la partie officielle du Moniteur. »

Les cris de vive. d'Orléans! vive la liberté! éclatent avec une nouvelle force, et le prince paraît très vivement ému. Il se lève, salue l'assemblée à plusieurs reprises et se retire avec son fils, escorté jusqu'à la porte de sortie par la grande députation.

Tous les membres se lèvent alors et forment des Groupes, dans lesquels ils se livrent aux conversations les plus ani= mées. Le vénérable Lafayette est entouré d'une foule de col= lègues, qui lui serrent affectueusement la main.

Bientôt M. Laffitte s'avance vers le centre de l'assemblée et dit : « Je pense, messieurs, que nous devons nous séparer aujourd'hui et nous réunir demain à midi pour la vérification des pouvoirs. »

L'assemblée se sépare et sort de la salle des séances.

En ce moment l'air retentit encore des plus vifs acclamations sur le passage du duc d'Orléans, qui regagne à cheval son palais, et autour des princesses, qui sont toutes ensemble dans une voiture de famille complétement découverte.

Partout une double haie était formée par la garde nationale, et chacun ne pouvait se lasser d'admirer sa belle tenue, de s'étonner de la rapidité avec laquelle un corps si nombreux s'était retrouvé sous les armes.

ABDICATION.

L'acte ci-après, portant sur la suscription : « *A mon cousin le duc d'Orléans, lieutenant-général du royaume* », a été déposé, par l'ordre de M. le duc d'Orléans, aux archives de la chambre des pairs.

Rambouillet, ce 2 août 1830.

« Mon cousin, je suis trop profondément peiné des maux qui affligent ou qui pourraient menacer mes peuples pour n'avoir pas cherché le moyen de les prévenir. J'ai donc pris la résolution d'abdiquer la couronne en faveur de mon petit-fils, le duc de Bordeaux.

« Le Dauphin, qui partage mes sentimens, renonce aussi à ses droits, en faveur de son neveu.

« Vous aurez donc, par votre qualité de lieutenant-général du royaume, à faire proclamer l'avénement de Henri V à la couronne. Vous prendrez d'ailleurs toutes les mesures qui vous concernent pour régler les formes du gouvernement pendant la minorité du nouveau roi. Ici je me borne à faire connaître ces dispositions ; c'est un moyen d'éviter encore bien des maux.

« Vous communiquerez mes intentions au corps diplomatique, et vous me ferez connaître le plus tôt possible la proclamation par laquelle mon petit-fils sera reconnu roi sous le nom de Henri V.

« Je charge le lieutenant-général vicomte de Foissac-Latour de vous remettre cette lettre. Il a ordre de s'entendre avec vous pour les arrangemens à prendre en faveur des personnes qui m'ont accompagné, ainsi que pour les arrangemens convenables pour ce qui me concerne et le reste de ma famille.

« Nous réglerons ensuite les autres mesures qui seront la conséquence du changement de règne.

« Je vous renouvelle mon cousin, l'assurance des sentimens avec lesquels je suis votre affectionné cousin.

CHARLES.
LOUIS-ANTOINE.

En lisant cette pièce, les émotions sont incertaines entre l'indignation et la pitié. Quoi ! Charles x conserve assez d'audace pour se dire *profondément peiné* des maux qui affligent ou qui pourraient menacer ses *Peuples !* et qui donc a produit ces maux ? qui donc a fait fusiller, mitrailler l'héroïque population de Paris ? ses *Peuples !* Grâce au ciel, grâce à son courage, le peuple français n'appartient à personne. Quel excès d'impudence ! Charles x, en parlant de la nation française, dit encore : ses *Peuples !*

Et ses *Peuples*, il les lègue, comme un vil troupeau, à cet enfant dont la naissance fut un mystère d'iniquité, à cet enfant si malheureusement né, à cet enfant qu'il faut plaindre puisqu'il n'est pas coupable, à cet enfant qui, s'il était le petit-fils de Charles x, serait marqué du signe de la réprobation universelle !

Vous abdiquez ! Nous rejetons votre abdication : vous êtes déchu, légitimement déchu. La France vous repousse, vous, votre fils et votre prétendu petit-fils; elle ne veut plus de vous; partez; que votre présence ne souille plus le sol de la France : vous, avez surpassé Charles ix, et la postérité ne sera que juste quand elle dira pour vous distinguer : CHARLES LE PARJURE ET LE SANGUINAIRE.

ORDRE DU JOUR.
Du 2 août 1830.

Dans la glorieuse crise où l'énergie parisienne a reconquis nos droits, tout reste encore provisoire; il n'y a de définitif que la souveraineté de ces droits nationaux et l'éternel souvenir de la grande semaine du peuple; mais, au milieu des divers pouvoirs improvisés par les nécessités de notre situation, la réorganisation des gardes communales est un besoin de défense et d'ordre public réclamé de toute part. La pensée du prince exerçant la haute fonction de lieutenant-général du royaume, bien honorable pour moi, a été que je devais pour le moment, prendre ce commandement. Je m'étais refusé, en 1790, au vœu de trois millions de mes camarades, parce que cette fonction eût été permanente, et pouvait un jour devenir dangereuse; aujourd'hui que les circonstances sont différentes, je crois devoir, pour servir la liberté et la patrie, accepter l'emploi de commandant-général des gardes nationaux de France. *Signé :* LAFAYETTE.

ORDONNANCES.
Lieutenance générale du royaume.

Art. 1er. Les condamnations prononcées pour délits politiques de presse restent sans effet.

2. Les personnes détenues à raison de ces délits seront sur-le-champ mises en liberté.

Il est fait également remise des amendes et autres frais, sous la seule réserve des droits des tiers.

Les poursuites commencées jusqu'à ce jour cesseront immédiatement.

Paris, ce 2 août 1830. LOUIS-PHILIPPE D'ORLÉANS.
Le commissaire provisoire du département de la justice,
DUPONT (de l'Eure.)

Sur le rapport du commissaire provisoire au département de la justice,

Nous avons nommé et nommons M. Bernard (de Rennes), avocat à Paris et membre de la chambre des députés, aux

fonctions de procureur-général à la cour royale de Paris,
en remplacement de M. Jacquinot de Pampelune.
Paris, le 2 août 1830.   Louis-Philippe d'ORLEANS.
Plus bas : *Le commissaire provisoire du département de
la justice,* Dupont (de l'Eure).

————————

Sur le rapport du commissaire provisoire au département
de la justice,
Nous avons nommé et nommons M. Barthe, avocat à
Paris, procureur du roi près du tribunal de première instance
du département de la Seine, en remplacement de M. Billot.
Le commissaire provisoire au département de la justice
est chargé de l'exécution de la présente ordonnance.
Paris, le 2 août 1830.   Louis-Philippe d'Orléans.
Le commissaire provisoire du département de la justice,
Dupont (de l'Eure.)

————————

Charles X n'est pas satisfait des maux qu'il a faits à la France ; il
vient d'essayer un nouveau brandon de discorde au milieu des débris
encore fumans qui nous entourent. Nous avons annoncé qu'il avait
demandé un sauf-conduit pour sortir de France. On lui a accordé l'escorte la plus honorable et la plus tutélaire qui pût protéger sa fuite.
Deux pairs, deux députés, un membre de la commission municipale se
sont rendus près de lui ; mais, le croirait-on ? il a refusé de les recevoir. Il a tramé avec son abominable camarilla, une nouvelle ruse ; il
a abdiqué pour lui et pour son fils le Dauphin, et, par un acte du 1.er
août, qu'il qualifie d'ordonnance, il a nommé M. le duc d'Orléans
lieutenant-général du royaume. Cette ordonnance est en effet parvenue
au prince cette nuit. A l'instant vingt mille hommes de l'armée parisienne se portent sur Rambouillet, sous les ordres du lieutenant-général Pajol, ayant pour chef-d'état-major le colonel Jacqueminot.
Charles X a fait dire aux commissaires nationaux qu'avant de les
recevoir, il attendait la réponse à son ordonnance ; il la saura bientôt:
l'armée est en marche.
Le ci-devant roi n'a plus de droit de renonciation. Il a signé son abdication le jour où il a signé ses infâmes ordonnances ; son trône est
vacant ; il s'est abîmé dans les flots de sang français qu'il a fait répandre. Et il ose encore penser qu'un enfant, dont l'origine est plus
que suspecte, pourrait être un jour à la tête d'une nation que son prétendu aïeul a fait massacrer ; que nos fils verraient la couronne royale
sur le front d'un prince équivoque, qui n'aurait d'autre légitimité
que celle du crime !
Tant de folie est impossible ; la nation veut le calme et l'ordre,
comme elle veut la liberté ; elle ne la veut pas pour aujourd'hui, mais
pour toujours. La génération qui s'élève et celles qui lui succéderont
ne doivent point revoir des jours d'oppression et de perfidie, de terreurs
et d'atrocités, l'ombre même du fantôme sanglant qui vient de tomber
est à jamais évanouie.
Le duc d'Orléans, lieutenant-général par le vœu public, ne peut
l'être de la main impuissante et souillée qui prétend lui déférer le
pouvoir qu'elle a perdu, et qu'elle ne peut plus donner.
Que Charles s'éloigne à la hâte d'une terre qui frémit de le porter ;
que, sous l'égide de la générosité nationale, il aille demander à
d'autres rivages un refuge pour ses remords.

————————

— Tous les ministres étaient, comme nous l'avons dit, au château des Tuileries jeudi à neuf du matin. Ils se communiquaient, pendant l'attaque du château, par un souterrain qui conduit d'un pavillon à l'autre. Ils étaient convoqués à St.-Cloud pour 4 h. Les troupes qui étaient campées entre les Champs-Elysées et les Tuileries ont protégé leur retraite. La veille ils avaient fait appeler M. Arrago, pour lui demander son opinion sur l'état de la capitale et sur les moyens qu'il y avait à prendre. — Il faut au plus tôt arrêter l'effusion du sang, dit M. Arrago, et proposer un arrangement avec de larges concessions, c'est la seule chance qui reste. Il n'y a pas un moment à perdre, car la troupe de ligne balance et passera bientôt avec la garde nationale. — Eh bien, dit M. de Polignac, on tirera sur l'une comme sur l'autre. — Et qui tirera ? répliqua vivement M. Arrago. Cette brusque répartie déconcerta M. de Polignac qui sortit à l'instant en disant qu'il avait besoin de prendre l'air.

— Rue Sainte-Antoine, n.° 75, un obus, dont la mêche a été éteinte à tems, est tombé par la cheminée.

Les locataires l'ont suspendu comme enseigne au balcon du troisième, avec cette épigraphe : *Charles X au peuple.*

Le drapeau tricolore flottait au-dessus de ce projectile.

— Dans l'entrevue que le corps diplomatique a eue avec M. le duc d'Orléans, M. Pozzo di Borgo, ambassadeur de Russie, a répondu à S. A. qui lui demandait ce qu'on pouvait espérer de son souverain : « Tout gouvernement sera fier de s'allier avec la première nation de l'Europe.

— On a dit que l'Autriche et la Russie avaient promis d'envoyer 150,000 hommes à Charles X, s'il devait en venir aux dernières extrémités. On ajoute que lorsque le duc de Wellington fut instruit de cette nouvelle, il répondit : 150,000 hommes produiraient en France l'effet d'une goutte d'eau dans un baquet. S'il est vrai que le duc ait fait cette observation, nous pensons qu'il se forme une juste idée de l'état des choses. Dans le cas d'une invasion étrangère, la France pourrait en trois mois ...., que disons-nous ? en trois semaines, rassembler un million d'hommes sous les armes. Des hommes deviennent aisément de bons soldats, lorsqu'ils sont conduits par d'habiles officiers, et la France possède en ce moment les meilleurs officiers de l'Europe. La grande armée a été disséminée, mais non détruite. Le peuple Français ne doit pas s'alarmer d'une intervention étrangère dans le cas d'un changement de gouvernement. Que la France reste unie et aucun des monarques du continent n'osera l'attaquer. Quant à la vieille Angleterre, elle est hors de la question.

— Les commissaires envoyés à Rambouillet le 2, sont revenus cette nuit. Comme ils ont cru devoir accompagner leur mission de toutes les formes de respects convenables

dans ces circonstances, les prétentions de la famille royale
s'en sont accrues d'autant. Toutefois le roi et le dauphin ont
signé chacun un acte séparé d'abdication, refusant de rien
stipuler pour le duc de Bordeaux mineur. Rien n'a pu être
décidé au sujet de la retraite des deux princes. Comme ils
ont dépouillé leur titre, ils se disent rentrés dans le droit
commun, et ne plus vouloir quitter la France; ils refusent
surtout de remettre les diamans de la couronne, et les cour=
tisans qui les accompagnent, veulent aussi stipuler chacun
pour soi. Le gouvernement provisoire tient surtout à avoir
un acte en forme pour ce qui touche le duc de Bordeaux.
Dix à douze mille volontaires viennent de partir à l'instant
pour Rambouillet, pour mettre fin aux parlementages. On a
réuni pour transporter cette armée improvisée tous les fiacres
et convois qu'on a pu trouver. Rien n'est plus pittoresque
que leur marche à travers les Champs-Elysées.

· —La 4ᵉ légion de la garde nationale a été une des premières
a se rassembler au moment de l'alarme. L'ancien capitaine
de grenadiers du 1.ᵉʳ bataillon, M. Poirier, se mit à la tête de
quelques-uns des siens, précédés des tambours battant le rap=
pel. Ce petit noyau se grossissant à tout instant, se trouva
bientôt assez fort pour se présenter en face des troupes, les
invitant cordialement à s'unir aux citoyens et les combattant
au besoin Les anciens adjudans de cette légion, MM.
Hirne et Rougeat dirigeaient les manœuvres de cette petite
troupe. Elle eut à soutenir plusieurs engagemens dans l'un
desquels elle perdit l'un de ses chefs, M. Miel, dentiste,
ancien capitaine, qui fut tué d'un coup de feu dans la rue
des Prouvains. On cite les belles paroles de cet officier de
la garde nationale : « En entendant le rappel, a-t-il dit,
« j'ai senti aux battemens de mon cœur que la patrie récla=
« mait encore mes services; j'ai revêtu mon uniforme, et je
« me trouve heureux d'être de nouveau à votre tête. »

· — Un faubourien se prend de querelle avec un garde national, et se porte à des voies de fait. « Pour votre punition,
vous allez être désarmé, lui crie-t-on de toutes parts. Non,
dit-il, j'aime mieux être fusillé, » et il se met à genoux. On
lui a, bien entendu, laissé la vie et ses armes.

Vu l'impossibilité de renfermer les Événemens *de Paris dans 5 ou 6
livraisons, comme nous l'avions d'abord annoncé, et désirant donner
une brochure complète à nos nombreux souscripteurs, nous continue=
rons encore la publication de ce recueil jusqu'à ce que nous ayons
cité les ordonnances, proclamations, ordres du jour, et les principaux
traits de courage et d'héroïsme recueillis sur les mémorables journées
des 26, 27, 28 et 29 juillet dernier.*
*A compter de la publication de cette cinquième livraison, le prix est de
10 cents au lieu de 15.— Chaque livraison se vend séparément.*

MONS. — TYPOGRAPHIE DE HOIOIS-DEBELY, LIBRAIRE, RUE DES CLERCS N.º 10.

ORDONNANCES.

Lieutenance générale du royaume.

Nous, Louis-Philippe d'Orléans, duc d'Orléans, Lieute=
nant-Général du royaume,

Sur le rapport du commissaire provisoire au département
de la justice, et notre conseil entendu,

Avons ordonné et ordonnons ce qui suit :

Les arrêts, jugemens, mandats, contrats et tous autres
actes seront intitulés ainsi qu'il suit, jusqu'à ce qu'une loi ait
fixé définitivement la formule exécutoire.

« Louis-Philippe d'Orléans, duc d'Orléans, lieutenant
général du royaume, à tous présens et à venir salut : la
Cour... ou le tribunal de..... a rendu, etc., etc. » (*Ici copier
l'arrêt ou le jugement.*) Mandons et ordonnons, etc. »

Le commissaire provisoire au département de la justice
est chargé de l'exécution de la présente ordonnance, qui
sera insérée au bulletin des lois.

Paris, 5 août mil huit cent trente.

LOUIS-PHILIPPE D'ORLÉANS.

*Le commissaire provisoire du département de la
justice,* DUPONT (de l'Eure.)

M. D'Etraignes est nommé préfet du département d'Indre-
et-Loire, en remplacement de M. le comte de Juigné.

M. Saint-Didier est nommé préfet du département de
l'Aube, en remplacement de M. le comte de Brancas.

M. Feutrier est nommé préfet de la Sarthe, en remplace=
ment de M. le comte de Bourblanc.

M. Alexandre Joubert est nommé maire d'Angers, en
remplacement de M. Villemorges.

M. Cholet est nommé sous-préfet à Ségré (Maine-et-
Loire), en remplacement de M. Arthuys.

M. Raynaud est nommé préfet des Hautes-Alpes, en rem=
placement de M. de Roussy.

M. Paulze d'Ivoy, ancien préfet, est nommé préfet du
Rhône, en remplacement du comte de Brosse.

M. le comte Treilhard, ancien préfet, est nommé préfet
de la Seine-Inférieure, en remplacement de M. le comte de
Murat.

LOUIS PHILIPPE D'ORLEANS.

*Le commissaire provisoire au dépar=
tement de l'intérieur,* GUIZOT.

---

*A S. A. R. le lieutenant-général du Royaume, par les commissaires à
Rambouillet.*

Rambouillet, le 5 août, à 10 heures du soir.

Monseigneur, c'est avec un bonheur que nous vous annonçons le
succès de notre mission. Le roi se détermine à partir avec toute la fa=

.6

mille. Nous vous apporterons avec la plus grande exactitude tous les
détails, tous les incidens de ce voyage. Puisse-t-il se terminer heu=
reusement ! nous suivons la route de Cherbourg ; nous partons dans
une demi-heure ; toutes les troupes sont dirigées sur Epernon, et
demain matin, on déterminera quelles sont celles qui suivront défini=
tivement le roi.

Nous sommes avec respect et dévoûment, Monseigneur, etc., etc.
DE SCHONEN, le maréchal MAISON, ODILLON-BARON.

COMMISSION MUNICIPALE DE PARIS.

La commission municipale s'empresse de faire connaître aux habi=
tans de Paris qu'une nouvelle officielle qui lui parvient à l'instant,
annonce que Charles x et sa famille ont évacué Rambouillet hier à
dix heures du soir.

Cette résolution paraît avoir été déterminée par l'approche de nos
troupes.

A l'hôtel-de-ville de Paris, le 4 août 1830, à six heures du matin.
Les membres de la Commission Municipale.

MINISTÈRE DE LA GUERRE.

Dans les circonstances où l'on se trouve, il faut surtout au
ministère de la guerre, des mesures aussi habilement concer=
tées que rapidement exécutées; des noms qui annoncent à
la fois le caractère et les principes des hommes appelés, soit
à la direction des affaires, soit au commandement des divi=
sions et des subdivisions militaires, et des corps de troupes;
ceux que nous allons citer remplissent ces conditions indis=
pensables : le général Brager est envoyé à Strasbourg (5.me
division militaire): le général Barrois, à Metz, (3.me division)
le général Decain, à Grénoble (7.me division); le général
Bachelet, à Lyon (19.me division); le général Roguet, à Lille
(16.me division); le général Teste, à Rouen (14.me divison); le
général Maurin, commande la 1.re division militaire (Paris);
et le général Lamarque, a le commandement en chef des 4.me
divisions (Tours); 11.me (Bordeaux) et 12.me (Nantes).

Les autres nominations, les autres opérations de ce mi=
nistère sont attendues avec une impatience égale à leur impor=
tance. On parle de la division du département de la guerre
en deux distinctions; l'une du personnel, l'autre du matériel,
à la tête de celle-ci se trouve déjà, dit-on, un homme qui a
mûri dans les loisirs studieux d'une longue et injuste réforme,
les hautes capacités administratives dont il a long-temps donné
d'incontestables preuves; mais en même-temps on a entendu
citer, comme choisi pour directeur du personnel, un homme
qui a exercé le même emploi sous les ministères précédens,
et l'invraisemblance de ce choix nous fait douter de la réa=
lité de l'autre.

— On a rétabli sur la façade du Panthéon, cette belle
inscription : *Aux grands hommes la patrie reconnaissante!*

— Dans la mémorable journée du 28 juillet, le fils de la veuve Mourette, demeurant rue Neuve de Brétagne, N.° 2, fut rapporté sur un brancard, dangereusement blessé d'un coup de feu qu'il venait de recevoir à l'hôtel-de-ville. Sa mère en le pressant tendrement dans ses bras lui dit : « *En te perdant mon fils, il ne me reste plus aucun moyen d'existence, mais je suis heureuse, puisque tu meurs pour une si belle cause.* » Un ouvrier horloger, nommé Jean-François Michel, fit aussitôt une collecte qu'il augmenta de tout l'argent qu'il avait sur lui et qui montait à 80 francs; ils furent remis à la veuve Mourette, et son fils ranimé par les tendresses de sa mère, s'écria d'une voix faible : *Vive la charte, vive la liberté !* Il est maintenant à l'hopital Saint-Louis : on désespère de ses jours.

— MM. Orsat, lieutenant, et Violet, grenadier de le garde nationale, ont versé à la trésorerie de Paris, la somme de 865 fr. 60 c. produit d'un tronc que le poste de la barrière de Charenton avait eu la bonne idée d'établir pour les veuves des citoyens morts pour la patrie, et des blessés dans les journées des 27, 28 et 29 juillet.

— La compagnie des avoués du tribunal de première instance du département de la Seine a versé à la caisse municipale de l'hôtel-de-ville la somme de 12,000 francs pour le même objet.

Le conseil de l'ordre des avocats à la cour de cassation et au conseil d'état a aussi voté, dans une séance extraordinaire, une somme de 6,000 fr. destinée aux blessés, veuves et orphélins.

— Dans la mémorable affaire du 29 au Palais Royal, un jeune combattant est tout-à-coup assailli par deux Suisses cachés dans l'allée d'une maison. On l'ajuste, mais l'arme ne part pas. Il se précipite sur ses ennemis, les force de déposer les armes; puis, les voyant tremblans, il leur prend les mains pour les rassurer : *En appelant mes amis,* leur dit-il, *je serais bientôt vengé de vous; mais le sang inutilement versé me fait horreur. Venez, je suis Français, je vous pardonne !*.....

— Dans le nombre des familles qui ont mérité de la reconnaissance publique, on doit citer celle de M. Le Franc. Tandis qu'il prenait les armes comme capitaine des gardes nationales de son poste, ses deux fils couraient en armes aux Tuileries et à la caserne Babylone, et sa femme mettait tout ce qu'elle possédait à la disposition des combattans, distribuait des rafraîchissemens à toutes les compagnies qui se rendaient à la caserne des Suisses.

— A l'attaque de la caserne des Suisses, rue de Babylone on a remarqué deux jeunes gens des îles de Maurice et de Bourbon qui ont rivalisé de zèle et de courage avec les élèves de l'école polytechnique.

— Une circonstance peu connue, et qui prouve que déjà depuis longtemps le ministre Polignac prenait ses mesures pour le coup-d'état qui le renverse ainsi que son maître; c'est que vers la fin de juin, un ancien garde-du-corps étant allé dîner à Saint-Cloud avec ses camarades, on vint annoncer pendant le repas que la paie de ces messieurs serait augmentée de 200 fr. à compter du 1.er juillet. A cette nouvelle, un garde-du-corps s'écria: « Voilà donc enfin l'heure du coup de collier, on augmente nos appointemens. »

On croit aussi avoir deviné le sens de cette abréviation : « Ecrit le 7 de M.er » , placée au dessous d'un des documens historiques que nous avons insérés dans notre 4.e livraison on pense qu'elle veut dire : Ecrit le 7 de Messidor, ce qui répond effectivement à la fin de juin ; l'auteur du billet se serait servi du style républicain, pour faire croire, s'il tombait en des mains étrangères, qu'il appartenait à une autre époque.

— On doit signaler, parmi les jeunes gens qui ont montré autant de dévoûment que de courage, M. Krampel, opticien. Réuni à un petit nombre de braves comme lui, il a opéré le désarmement de la gendarmerie, non sans perte de part et d'autre. Dans les diverses rencontres avec la troupe de ligne, il y eut des marques évidentes de confraternité et de rapprochement; cependant un coup de feu parti, sans intentions, du côté des Parisiens, fit engager une fusillade qui tua plusieurs de ces derniers. Transportés rue saint-Honoré n.º 93, les blessés reçurent les soins les plus empressés des habitans, surtout d'une jeune demoiselle nommée Lucile Delmas, qu'on vit plusieurs fois s'exposer au feu roulant des suisses pour secourir nos combattans. M. Krampel, que nous venons de citer plus haut, fut un des blessés qu'elle pansa, ce qui permit à ce généreux citoyen de regagner sa demeure, où, renfermé malgré lui, il consacra, sur son lit de douleur, les instans qu'il ne pouvait plus donner au combat à préparer des cartouches, qu'il distribua aux citoyens qui en avaient besoin. Depuis la victoire, il a colorié des cocardes nationales, qu'il vend au profit des blessés, des veuves et des orphelins. La recette qu'il a fait verser à la caisse de souscription du *Constitutionnel* montait aujourd'hui à 68 francs. Des citoyens qui honorent la bravoure et les vertus civiques n'oublieront pas ce jeune opticien.

— La capitulation du château de Vincennes a été arrêtée le 2 au soir entre M. le marquis de Puyvert, gouverneur, et le général Gourgaud; les portes ne seront ouvertes que le 5 août; le drapeau blanc ne flotte plus sur la grande tour.

— Soissons n'a pas voulu res'er le dernier sous un gouvernement odieux. Le drapeau tricolore flotte depuis deux jours sur ses remparts. Tous les citoyens ont pris les armes, ils sont prêts à marcher au premier signal.

— Prenez-y garde, disait, le 27 juillet, M. Mangin à un avocat; on tirera, on sabrera; on canonnera jusqu'à extinction : nous savons que nous jouons notre tête: il faut la défendre ! » Les infâmes ! grâce à leur lâcheté, ils n'ont pas même un seul instant couru risque de la vie, et maintenant ils s'éloignent de cette capitale qu'ils ont jonchée des cadavres de nos soldats et de nos citoyens. Mais si leur tête n'est pas là pour répondre de tant de forfaits, que du moins un solennel arrêt de la justice nationale livre à jamais à l'opprobre leurs noms et leur mémoire !

— Les Portugais résidans à Paris ont adopté, pour le chapeau la cocarde nationale (bleue et blanche), décrétée par les Cortès constituants, et que portait Alphonse 1.er à la célèbre bataille d'Aurique. Ils regardent les couleurs bleue et rouge, de la maison de Bragance, comme déshonorées depuis qu'elles ont été portées par don Miguel et ses bourreaux. Ils décorent leur poitrine de la cocarde tricolore qui est aujourd'hui une cocarde européenne.

— Le pont suspendu de la place de Grève a pris le nom de pont d'Arcole. Le 28 juillet, un brave jeune homme dit aux citoyens armes : «Il faut traverser ce pont. Je vais donner l'exemple. Si je meurs, souvenez-vous que je m'appelle d'Arcole.» Il s'élança à ces mots, et à peine parvenu au milieu du pont, tomba percé de plus de vingt balles. Les témoins de son héroïsme ont donné son nom au pont qui fut le théâtre de ce beau dévouement.

— L'histoire ne doit point oublier de consigner l'un des faits les plus surprenans des journées héroïques de juillet. Au moment où le combat fut résolu, où la congrégation avait armé les soldats français contre leurs concitoyens, congreganistés, autorités, gens dévoués, royalistes qui devaient périr sous les marches du trône, tous avaient disparu; aucun d'eux n'ont venu soutenir les troupes de son dévoûment et de son courage; aucun d'eux ne les a secourus, lorsque mourant de faim ou blessés, des militaires égorés par leurs funestes conseils, réclamaient d'eux des soins ou des vivres. C'est le peuple qu'ils avaient l'ordre de massacrer, qui, ne consultant que son inépuisable générosité, est venu panser leurs blessures, étancher leur soif et leur prodiguer tous les secours.

Que si la France pouvait être un parti, on oppose la grandeur de sa conduite à celle des infâmes qui voulaient l'asservir, et que l'on juge........

— M. le baron J. Rotschild vient de faire remettre à la commission municipale 15,000 fr. pour les blessés, les veuves et les enfans de ceux qui ont péri dans les derniers jours de juillet.

— On ne peut se faire l'idée de l'état de stupeur et d'a=
battement de Charles X et sa famille. Sa disposition d'esprit
dans les journées des 27, 28 et 29 était de ne rien croire de
ce qui était contraire à ses idées. Quand M. le maréchal-de-
camp de Loël Losquet lui a dit que les Tuileries avaient été
prises sous ses yeux par le peuple, il a répondu que *ce n'était
pas vrai.*

— Un peintre en bâtimens, le sieur Charles Nicot, demeurant rue Montmartre, à la journée du 28. voyant les Suisses
s'avancer vers le boulevard, saisit son fusil, et placé à l'en-
tresol, fait tomber trois Suisses sous ses coups et succombe
bientôt après frappé de cinq balles. Il laisse une femme et
deux enfans en bas âge.

— Chapeau, ouvrier peigneur, ayant servi vingt-trois ans
dans la vieille garde, combattait à l'arc de Triomphe quand
il fut frappé d'une balle à l'épaule. Malgré cette blessure grave,
Chapeau a encore tiré dix coups de fusil, et n'a cessé le feu
qu'après être tombé de faiblesse. Et ce sont là les vieux
guerriers que Charles X laissait sans pain !

— Nous annonçons avec regret qu'un grand nombre des
malheureux blessés pour la cause de la liberté, succombe
dans les hôpitaux ou les ambulances. La chaleur est la première cause de cette mortalité; nous devons dire pourtant
qu'on a reconnu que beaucoup des balles lancées par les
troupes royales étaient machées, et que les blessures en apparence peu dangereuses deviennent généralement mortelles.

— Dans la journée du 29 juillet, les sieurs Caillon, cocher
de cabriolet, rue des Maures, N.° 28; Henri Saint-Léger,
employé, rue du jour, N.° 5, avec six autres braves, ont
pris de vive force près la place du palais-royal et sous le
feu de la mousqueterie des Suisses et de la garde royale,
une pièce de canon de huit (garde royale.) — Cette action
courageuse a coûté la vie à trente un des nôtres.

— Depuis le moment où les citoyens se sont emparés du
Louvre, un jeune homme qui accompagnait les assaillans
a fait preuve d'une force de caractère et d'un dévoûment
au-dessus de tout éloge.
Cet enfant (car il ne paraît pas être âgé de plus de 15 ans)
avait été chargé par M. Ch. Hedru, avocat, commandant
en chef le poste du Louvre, de diriger cent cinquante
hommes environ.
Ces braves citoyens, tous ouvriers et armés pour la plupart
de piques, se soumettaient à ses ordres avec la docilité la
plus parfaite. Le jeune écolier n'a pas voulu quitter un seul
instant la faction pendant deux nuits. Il se nomme Bous-
sage; c'est un élève de l'école préparatoire de M. Bartel.

— Parmi les traits de générosité des Français pour venir au secours de leurs compatriotes blessés dans les mémorables journées des 27, 28 et 29 juillet, on signale au public la détermination prise par plusieurs militaires retraités qui ont figuré aux mémorables journée d'Iéna, de Friedland, etc, etc, etc, de venir au secours des blessés; ils abandonnent cinq jours de leur solde. Cette idée, qui a été communiquée par le vieux sous-officier Bedeau a été partagée par ses braves camarades.

— Le comité, institué dans le sein de la société de la morale chrétienne pour le placement des jeunes orphelins, présidée par M. Benjamin-Constant, vient d'arrêter dans une de ses séances, que les fils de ceux qui ont péri en combattant dans les journées des 27, 28 et 29 juillet (citoyens et soldats), seront adoptés et placés en apprentissage par le comité, conformément aux dispositions de son réglement.

— C'est M.elle Clara Levieux, du magasin de la rue S.t Denis n°. 995, qui a arboré le premier le drapeau tricolore sur les barricades de cette rue; c'est encore un fait à consigner en l'honneur des dames.

— Depuis mardi, les paysans des environs de Paris ont fait invasion dans les chasses de l'ex-roi. Plusieurs Suisses ont été rencontrés et faits prisonniers sans résistance. Quelques-uns n'avaient pris aucune nourriture depuis 56 heures.

— La conduite de la population de Versailles n'a pas été moins héroïque que celle de la population de la capitale. 12,000 hommes de la garde allaient s'y jeter, quand Versailles ferma ses portes et les empêcha de pénétrer et de s'emparer des 25,000 rations de vivres et de fourrages qui y étaient préparées.

— Le jeune Adolphe Sombret, rue St.-Martin, blessé à l'attaque de la caserne de Babylone, et hors d'état de marcher, monta sur le caisson qui accompagnait sa pièce de canon prise à ce poste, et ne quitta la pièce qu'après l'avoir conduite sur la terrasse des Tuileries, où elle fut braquée sur la route de Saint-Cloud.

— Un élève de l'école de médecine, après avoir combattu à l'affaire de la rue de Babylone, prodiguait des secours aux blessés. Un cri d'alarme se fait entendre, et beaucoup d'assaillans vont se retirer. Cet élève qui précédemment avait répété plusieurs fois : *justice aux pillards, respect aux propriétés*, reprend un nouvel ascendant : *En avant*, s'écrie-t-il; *le premier qui recule et passe la ligne indiquée par mon épée, est mort.* On s'arrête, et on se range en bataille à la voix du médecin guerrier. C'est avec cette fermeté entreprenante qu'on sert sa patrie dans de semblables instans.

— M. Farcy, rédacteur du Globe, est mort dans les bras du docteur Jules Logson; ce jeune médecin semblait se multiplier; il a pansé près de 300 blessés, soit à l'hôtel de ville, soit au Palais-Royal, soit au Louvre.

— M. Boulet, l'un des professeurs d'escrime les plus distingués de la capitale, et grenadier de la 6.ᵉ légion, a été un des premiers à saisir ses armes pour la défense de la cause commune. Ce brave, père de cinq enfans, s'est trouvé au feu dans plusieurs engagemens sur les boulevards, rue Montmartre et à la place de Grève. On a entendu plusieurs fois M. Boulet encourager le tambour Chaillard à battre la charge dans les instans où le feu était le plus vif.

— Lors de l'affaire de la Porte-Saint-Denis, dans la journée de mercredi, un enfant de 15 ans s'est avancé au milieu des feux de mitraille et de mousqueterie, jusqu'auprès d'un des officiers commandant la cavalerie qui appuyait les canons, et d'un coup de pistolet il lui a cassé la tête. Aussitôt une décharge générale a été faite sur lui; mais l'enfant ayant prévu ce qui arriverait, s'était jeté à plat-ventre, et s'étant ensuite relevé, il s'est échappé sain et sauf, s'apercevant alors que sa casquette était restée sur la place, il y retourne sans hésitation, et revient de nouveau sans avoir été atteint.

— M.ᵐᵉ de Polignac est arrivée à Versailles lundi matin à onze heures, en revenant de sa terre de Miremont. Sa voiture a été arrêtée, et un ouvrier, s'approchant de la portière, lui a dit avec tristesse en lui montrant le peuple en armes : « Voyez dans quel état nous a mis votre mari; mais c'est égal, partez, nous n'en voulons pas aux femmes. » Et la voiture s'est éloignée sans obstacle.

— Un Anglais, logé à l'hôtel Meurice, M. K....t, a constamment combattu avec le peuple dans les journées du 28 et 29. Son enthousiasme et sa valeur avaient tellement animé les citoyens qu'ils l'avaient élu à l'unanimité leur capitaine. Ce brave étranger les a conduits au feu avec une ardeur sans égale, et n'a abandonné le commandement qu'il avait si bien mérité, qu'après avoir vu le calme entièrement rétabli. De tels actes honorent à la fois les deux nations, et montrent combien la conduite du peuple français inspire de sécurité aux étrangers.

— Parmi les objets trouvés au château des Tuileries, on remarquait un long vêtement en toile double; à l'une des extrémités on voyait un carcan en fer, et à l'autre des chaînes. La nouveauté de ce vêtement dans ce lieu ne put être expliquée par la foule qui l'examinait. Cependant, on ne peut douter que ce vêtement ne soit le cilice que portait Charles X.

MONS. — TYPOGRAPHIE DE HOYOIS-DERELY, LIBRAIRE, RUE DES CLERCS N.° 10.

RAMBOUILLET.

Chargé d'aller reconnaître à Rambouillet les intentions de la cour de Charles X et ses moyens de résistance, j'y arrivai le lundi 2 août, dans la soirée, et y trouvai tumulte dans la masse, exaspération dans les chefs militaires, découragement dans les troupes, stupeur et deses= poir dans les personnes de la cour ; les distributions de pain manquant, la paie arrierée, et les chefs, surtout le maréchal de Raguse, se dis= putant les fonds disponibles ; du reste, les ambitions d'autant plus actives qu'elles prevoyaient la chûte, et les grades et les décorations courues comme aux Tuileries.

On comptait, ou l'on paraissait beaucoup compter sur la double abdication en faveur du duc de Bordeaux, avec laquelle on avait arrêté la désertion du 2e regiment de grenadiers de la garde. Charles X avait refusé tout rapport avec la députation que lui avait envoyée le gou- vernement provisoire, bien résolu alors à ne pas reconnaître son pouvoir.

Le lendemain matin, 3 août, entrèrent par une porte le régiment de hussards de la garde, et par l'autre le colonel Pocque, porté sur un brancard, et blessé aux avant-postes par les vedettes de la garde. Ce double événement porta à son comble l'exaltation des officiers de toutes armes ; cependant Charles X sentant que le sang versé pouvait amener de terribles représailles, envoya son chirurgien au blessé ; et lui fit exprimer ses regrets.

Ayant bien reconnu le découragement de cette masse confuse, et la nécessité de forcer la cour à prendre le parti de la retraite, je fis de= mander à Paris 500 hommes de gardes nationales, que je jugeai bien suffisantes pour atteindre mon but ; mais voulant encore hâter le mou- vement, je me decidai à repartir à une heure pour aller solliciter le concours de la garde nationale de Versailles. Arrivé à Saint-Cyr, je rencontrai la colonne parisienne sous les ordres du général Pajol et du colonel Jacqueminot, député. Je leur fis le rapport de ce que j'a- vais vu, et, me joignant à eux, je retournai sur mes pas. Arrivé à Coignières, où le général Pajol fit arrêter sa troupe pour y passer la nuit, je rencontrai le général Boyer, qui m'offrit d'en devenir les éclaireurs et de pousser en avant. Nous continuâmes donc notre route, et avançâmes jusqu'au Peray, à un quart de lieue des premières vé- dettes de gardes-du-corps. Nous trouvâmes là un poste de gardes na- tionales de Paris et des environs, dont le chef nous proposa de nous porter en avant, nous assurant de faire replier les avant-postes, et même de parvenir à Rambouillet à la faveur de la nuit, qui masquait notre faible troupe et augmentait l'effroi des troupes opposées. D'après ma connaissance de l'état des choses, j'admettais bien ce double ré- sultat ; mais la crainte de compromettre la personne du maréchal Maison et la mission qui lui était confiée, nous fit arrêter l'élan de nos braves gardes nationales, et nous nous bornâmes à faire reconnaître de très-près les védettes. A dix heures du soir, on vint nous prévenir qu'elles se repliaient eu toute hâte ; nous partîmes aussitôt, le général Boyer et moi, et, à dix heures et demie, nous occupâmes les apparte- mens que Charles X avait quittés une demi-heure auparavant et en toute hâte, sur la nouvelle de l'arrivée de la colonne partie de Paris, que la peur leur avait grossie et portée à 300,000 hommes. Les auto- rités municipales vinrent de suite trouver le général Boyer, qui les engagea à préparer des rations pour 25,500 hommes pour la colonne parisienne, dont la tête arriva le mercredi 4 août, vers les six heures du matin. Son but se trouvant complètement rempli par la fuite de Charles X et de sa famille, elle s'empara tranquillement des voitures abandonnées, que nous fîmes atteler pour les ramener à Paris, où elles sont arrivées comme un trophée.

7

Le général Boyer et moi repartîmes aussitôt pour Maintenon. Nous y arrivâmes à dix heures. Charles X venait d'en partir pour Dreux, accompagné du maréchal Maison, et sous la seule escorte de ses gardes-du-corps, le reste de la garde ayant quitté son service. Charles X devait, de ce dernier endroit, congédier ses gardes, et prendre la poste pour se rendre à Cherbourg, point de son embarquement.

Depuis le départ de Saint-Cloud, aucun des anciens ministres n'avait paru à la cour, au moins officiellement, et l'on y assurait que M. de Polignac avait trouvé le moyen de s'embarquer pour l'Angleterre.

B. CADET DE VAUX.

N. B. Le Moniteur annonce ce soir qu'on a reçu la nouvelle de l'arrivée de Charles X à Dreux, où le drapeau tricolore était arboré. Mais à l'aspect des trois commissaires, MM. le maréchal Maison, de Schonen et Odillon-Barrot, décorés aussi des couleurs nationales, les portes de la ville ont été ouvertes, et l'ex-roi a pu continuer sa route.

ARRESTATION DE MM. PEYRONNET ET CHANTELAUZE.

On nous transmet de Tours les détails de l'arrestation de MM. de Peyronnet, Chantelauze, et plusieurs autres individus, que l'on soupçonne d'être aussi de grands coupables. Aussitôt que la nouvelle des événemens de Paris était arrivée dans cette ville, la jeunesse entière s'était soulevée, pour faire la police, et visiter toutes les voitures de postes qui arrivaient par la route de Paris. Le 2 août, vers une heure après-midi, une méchante chaise fut aussi arrêtée sur le pont : on la conduisit à la mairie. Un homme qui était dans cette voiture, interrogé sur ses noms et qualités, dit être le courrier de la maison Rotschild et porteur de dépêches pour la femme de ce banquier. On allait laisser la voiture partir, quand, par un hasard singulier, le postillon se retourne, et dit au courrier : *Et ce Monsieur, qui est descendu au bout du pont, où est-il donc ? — Quel Monsieur ?* s'écrient de toutes parts les citoyens. Le courrier, questionné, est obligé d'avouer qu'un particulier qu'il ne connaît pas lui a demandé en route pour monter dans sa voiture, en le défrayant de la moitié du prix de la poste, qu'il est descendu à l'entrée du pont, dont, a-t-il dit, il désirait admirer la beauté, promettant de rejoindre à la poste ses camarades de voyage. On demande le signalement de cet inconnu, dont la disparution fait naître des soupçons.

Après un instant de délibération, on se décide à aller à sa recherche. Des gardes à cheval courent jusqu'à la première poste pour arrêter le personnage s'il rejoint sa voiture. Deux autres, MM. Pecart et Froger, négocians, offrent de courir à pied sur la route de Bordeaux; ils partent, interrogent tous ceux qu'ils rencontrent, et bientôt ils apprennent que l'*homme à redingote bleue* est passé, et qu'il doit être sur la route à un quart de lieue environ. On se met en course; et sitôt qu'on l'aperçoit, on crie de loin : *Arrêtez, arrêtez cet homme !* Et cependant l'individu redoublait de vitesse. Enfin, un vieux garde-champêtre de Grammont se précipite sur lui, et lui crie : *Au nom de la loi, je vous arrête !....* Il le saisit au collet, et on le ramène à la poste.

Le demi déguisement de cet homme, car il avait pris une perruque, des bas de laine et de gros souliers, qui contrastaient avec sa tournure, et les autres parties de son habillement font soupçonner le fameux Peyronnet. On le questionne; il donne le nom d'un négociant de la Rochelle, qui n'est connu de personne; mais bientôt le ministre est reconnu par M. Forest, avocat, par M. Chalmel et plusieurs autres, et finit par convenir qu'il est en effet Peyronnet.

L'embarras fut grand de le soustraire à la fureur du peuple assemblé, qui poussait les cris effrayans : *Tuons-le ! tuons-le !* Il a fallu toute l'intrépidité de la garde nationale pour contenir les citoyens qui

voulaient qu'on le tuât dans la crainte qu'il n'échappât. Enfin, on est
convenu qu'il serait conduit à la prison dans une voiture découverte
de la poste, afin que le peuple fût bien convaincu qu'il ne serait pas
soustrait à la justice du pays. Ce qui fut fait au milieu des vocifera-
tions et des malédictions publiques. Deux personnes, dont M Chalmel;
le couvraient de leur corps, de peur qu'il ne fût atteint par quelque
arme à feu. Il arriva à la prison, où il est étroitement gardé.

Une autre arrestation importante a été faite à Tours : c'est celle du
ministre Chantelauze, ex-garde-des-sceaux, et d'un autre individu
qui cache son nom, et qui s'est révolté depuis sa mise en prison, tellement qu'on a été forcé de le mettre au cachot. Ils ont été arrêtés
dans la campagne, errans et cherchant sans doute à passer la Loire.
Remis à la gendarmerie, ils ont été amenés, liés et garottés. Ce n'est
que dans la prison que M. Chantelauze s'est fait reconnaître; l'autre
persiste à demeurer inconnu. Quelques personnes supposent, mais
sans preuves, que ce pourrait être Polignac.

Le Correspondant qui nous fournit ces détails, ajoute :

« Nous venons de prendre ce moment cinq personnages, encore
inconnus, qui, dans un petit bateau, suivaient le cours de la rivière.
Quelques personnes les ayant aperçues de dessus le pont, ont poussé
un cri ; un des inconnus s'est élancé dans l'eau, et est resté couché à
plat sur le sable. Forcés d'aborder deux autres se sont elancés pour
prendre la fuite, ont gagné ensuite la rivage et se sont cachés dans un
tas de fagots. Tous ont été pris; mais on ignore leur nom. »

GARDE NATIONALE DE PARIS.
Ordre du jour du 5 août 1830.

Tant de prodiges ont signalé la dernière semaine, que lorsqu'il s'agit
de courage et dévoûment, on ne peut plus s'étonner de rien. Le général
en chef croit néanmoins devoir exprimer la reconnaissance publique
et la sienne pour la promptitude et le zèle avec lesquels la garde nationale et les corps volontaires se sont précipités sur la route de Rambouillet pour mettre fin à la dernière résistance de l'ex-famille royale:
Il doit aussi des remercîmens aux braves de Rouen, Louviers et Elbeuf, qui, venant fraterniser avec nous, n'ont pas cru pouvoir mieux
remplir cet objet qu'en s'unissant à l'armée d'expédition, sous les
ordres du général Pajol et du colonel Jacqueminot.

Au milieu des services rendus à la patrie par la population parisienne et les jeunes gens des écoles, il n'est aucun bon citoyen qui
ne soit pénétré d'admiration, de confiance, je dirai même de respect,
à la vue de ce glorieux uniforme de l'Ecole polytechnique, qui, dans
le moment de crise, a fait de chaque individu une puissance pour la
conquête de la liberté et le maintien de l'ordre public. Le général en
chef prie les élèves de l'Ecole polytechnique de désigner un de leurs
membres pour rester auprès de lui en qualité d'aide-de-camp.

Le colonel Poque, aide-de-camp du général en chef, était envoyé
depuis quatre jours, par la commission provisoire et par lui, pour
suivre le mouvement des troupes royales, et remplir une mission de
patriotisme et de générosité. C'est lorsqu'il attendait le retour d'un
parlementaire qu'on a tiré sur lui, et qu'il a été grièvement blessé.
Une enquête sévère a eu lieu sur cet attentat. Le général en chef se
borne dans ce moment à faire connaître la conduite intrépide, in-
telligente et généreuse du colonel Poque, et à rendre aussi justice
au jeune M. Dubois, qui a montré dans cette occasion une intelligence et un courage remarquables, ainsi qu'au brave grenadier des
cuirassiers Pradier, et quelques autres qui étaient près du colonel.

Les braves volontaires qui, sous les ordres de leur intrépide chef
Joubert, ont tant fait dans les trois grandes journées, se sont encore

distingués sous les ordres du même chef, vraiment digne d'eux, par leur zèle dans l'expédition de Rambouillet.

Nos frères d'armes de la patriotique ville du Havre s'étaient aussi mis en marche pour nous secourir; ils sont entrés hier dans la capitale pour fraterniser avec nous.

Signé, LAFAYETTE.

Pour copie conforme :

Le colonel CARBONEL.

COMMISSION MUNICIPALE DE PARIS.

Hôtel-de-Ville, le 4 août 1830.

La commission municipale,

Considérant qu'un de ses devoirs les plus chers est de pourvoir aux besoins des citoyens qui ont combattu pour la cause commune avec tant de courage et de dévoûment, et d'assurer des secours à leurs femmes et à leurs enfans ;

Arrête ce qui suit :

Une commission, composée de quatre membres par arrondissement municipal, désignés par les maires sera chargée de distribuer des secours aux ouvriers qui ont pris part à la défense de la patrie, ainsi qu'à leurs femmes et leurs enfans.

Une souscription est ouverte à cet effet dans les mairies et chez tous les notaires de Paris; les produits en seront versés à la caisse municipale, où il sera ouvert un compte spécial.

Les membres de la Commission municipale.

COMMISSION MUNICIPALE DE PARIS.

La commission municipale, considérant que la reconnaissance de la patrie exige que tous les traits d'héroïsme et d'humanité qui ont illustré ces dernières journées, soient recueillis tandis que les traces en sont encore récentes, et voulant concourir, autant qu'il est en elle, à en perpétuer la mémoire ;

Arrête ce qui suit :

1.º Une commission, composée de deux membres par arrondissement municipal, désignés par les maires, sera chargée de recueillir les faits notables qui se sont passés dans les derniers évenemens, ainsi que les noms de tous ceux qui ont succombé dans cette glorieuse lutte.

2.º Il sera élevé des monumens funéraires sur tous les lieux où repose la dépouille mortelle des citoyens morts pour la patrie. L'Académie des Beaux-Arts est chargée de nommer une commission qui proposera le plan de ces monumens.

Les membres de la Commission municipale.

CAMP DE SAINT-OMER.

Le général Reubell, fils de l'ancien membre du Directoire, qui, dès le principe, se joignit au général Gérard et fut nommé commandant des avant-postes, revient du camp de Saint-Omer, où il avait été envoyé en mission. Aussitôt son arrivée, les troupes et le général Dalton qui les commandait, se sont empressés de prendre la cocarde tricolore. L'armée et la nation comptent aujourd'hui 9,000 braves de plus.

— *Le Moniteur* publie diverses ordonnances du lieute=
nant-général du royaume, d'après lesquelles M. Baradère,
intendant militaire, est appelé aux fonctions de secrétaire=
général du ministère de la guerre;

M. le comte gentil Saint-Alphonse, maréchal-de-camp, à
celles de directeur-général du personnel;

M. le comte Hector Daure, intendant militaire, à celles
de directeur-général de l'administration;

M. Marthineau Deschener à celles de directeur de la comp=
tabilité générale;

M. Calmon, député, est nommé directeur-général des
domaines, et M. Charpentier, avocat à la cour royale de
Metz, procureur-général à ladite cour, en remplacement du
sieur Pinaud, révoqué.

— L'entrée de Mgr. le duc de Chartres dans Paris s'est
faite le 5 avec une pompe toute populaire. Le prince, à la
tête de son régiment, le 1.er des hussards, n'avait pour cor=
tège que cette même population parisienne, devenue si paisible après avoir été si belliqueuse. Le jeune duc de Nemours
était venu au-devant de son frère; et à trois heures et demie
ils ont été rejoints à la barrière du Trône par M. le lieutenant=
général du royaume, qui a d'abord passé en revue le régi=
ment de hussards; et le cortège s'est mis ensuite en marche.
Le trajet a été long, tant à cause des barricades, encore
mal applanies, que de la foule immense qui, sans l'intermé=
diaire d'aucune force armée, se pressait autour du prince.
L'enthousiasme était universel.

Arrivé aux boulevards, vers la Porte-Saint-Denis, le cor=
tége a trouvé les volontaires d'Elbeuf et ceux de Rouen;
sur la place Vendôme étaient rangés ceux du Hâvre et de
Bolbec. Ils criaient *vivent les Parisiens! vive la liberté!* on
leur répondait par des cris analogues. On a remarqué avec
attendrissement que M. le duc d'Orléans a incliné la tête en
passant vis-à-vis de la colonne de la place Vendôme. Le cor=
tége s'est ensuite acheminé vers le Palais-Royal, où la fa=
mille de M. le duc d'Orléans attendait le jeune prince.

— Le préfet provisoire de la Seine, M. Alexandre Dela=
borde, a présidé dans une salle de l'hôtel-de-ville, à
l'ouverture des examens pour l'école polytechnique,
en présence des inspecteurs de l'école. M. Delaborde a pro=
noncé les paroles suivantes, en s'adressant aux nombreux
candidats qui se sont faits inscrire pour cette année :

« Le désir de faire partie d'un corps aussi distingué que
celui vers lequel vous portez vos vues, devient aujourd'hui
une ambition plus noble encore, et une récompense plus
douce de vos études.

» Les élèves de l'école polytechnique qui ont de tout temps

honoré la France par leurs talens et leurs services, viennent de la sauver par leur courage.

« Des hommes d'un âge avancé, qu'on aurait dû croire expérimentés, ont voulu détruire la constitution : des jeunes gens, qu'on pourrait supposer frivoles, l'ont maintenue.

« Ah! que cette pensée, Messieurs, enorgueillisse ceux qui vont être choisis, et qu'elle encourage, en même-temps, ceux qui ne réussissent pas, pour qu'ils puissent, l'année prochaine, être plus heureux, rejoindre leurs devanciers, et mériter comme eux l'estime et les vœux de leur concitoyens.

« Obligé de me rendre à la chambre, je ne puis rester plus long-temps au milieu de vous ; je voudrais y rester toujours. »

Les jeunes candidats et leurs parens ont accueilli cette heureuse improvisation par des applaudissemens redoublés.

— L'un des navires américains frétés au Hâvre pour transporter la famille de Charles X, se nomme le *Charles-Carol*. Il a reçu ordre d'aller à Cherbourg.

— M. le duc d'Orléans vient d'accorder une pension de 1,500 fr. à M. Rouget-Delisle, auteur de l'hymne des Marseillais. Dans une lettre qui prévient M. Rouget-Delisle de cette disposition, on remarque la phrase suivante : « L'hymne « des Marseillais a réveillé dans le cœur de M. le duc « d'Orléans des souvenirs qui lui sont chers. Il n'a point oublié que l'auteur de ce chant patriotique fut un de ses anciens camarades d'armes, etc., etc.

— Un brave officier de l'ancienne armée, M. Alexandre Durot, après 19 ans de service, s'était retiré dans une campagne où il vivait du travail de ses mains ; ce brave qui était à Paris, depuis quelque temps, lors de nos grands évènemens, n'a pas manqué à sa patrie. Ses exhortations auprès des soldats au milieu du feu en ont amené plus d'un dans les rangs populaires, et, le 31 juillet, à la tête des habitans de la campagne, il est parvenu, par son courage et sa présence d'esprit, à chasser les lanciers qui s'étaient repliés sur Saint-Cloud.

— La compagnie des agens de change de Paris a fait verser à la caisse de la ville une somme de 10,000 fr. pour être employée au soulagement des citoyens blessés dans les mémorables journées des 27, 28 et 29 juillet dernier, des veuves et des enfans de ceux qui ont perdu la vie.

— Les habitans de Sézanne (Marne) ont fait déposer au *Constitutionnel* une somme de 1,590 fr. 5 c., provenant d'une collecte recueillie par les soins de M. Frérot, notaire de la dite ville, en faveur des victimes des trois mémorables journées de juillet.

— Le palais royal est encombré de solliciteurs. Tous les courtisans des Tuileries s'empressent de venir déposer leur indigne encens aux pieds de la nouvelle puissance, ils seront repoussés, soyons en certains : On assure, en effet, que le lieutenant-général du royaume a déclaré qu'il ne voulait point de cour. Avis aux valets de tous les pouvoirs, qui croient retrouver dans le duc d'Orléans un prince imbu des anciens préjugés, et partisan des abus et des sinécures.

— Les étages des maisons n.os 79 et 90 de la rue saint-Antoine sont sillonnées d'une innombrable multitude de coups de feu. Des ouvriers du faubourg, postés dans ces maisons, ont fait pleuvoir sur l'ennemi une grêle de pavés et de tuiles tandis que leurs braves amis embusqués aux rues adjacentes, mettaient nombre d'ennemis hors de combat. Six gardes royaux, dont un officier, sont restés morts sur la place, et deux blessés abandonnés par l'ennemi, forcé à une retraite précipitée, ont été par les soins de M. Bardal, officier décoré de l'ancienne armée, réunis à ceux des braves citoyens accourus près d'eux, sauvés de la fureur des vainqueurs, et recueillis dans les maisons adjacentes où tous les secours leur ont été généreusement prodigués.

— Le nommé Bernard, marchand tailleur, rue saint-Honoré n.º 152, ayant brisé son fusil dans le combat du 28, fut arrêté par un officier qui lui dit : « vous avez tiré, je crois. » « Oui, répondit Bernard, et j'allais tirer encore, si mon fusil n'eut été brisé. » Il a été assez heureux pour ne pas être tué.

— Attaqué le mardi soir 26, le poste de la place Maubert, composé moitié de gendarmerie et moitié des troupes de ligne, n'a été emporté que mercredi matin. Le brigadier, commandant de la gendarmerie, a été arraché des mains du peuple, indigné de sa longue résistance, par M. Aubin, jeune professeur à l'école normale, qui l'a conduit chez un de ses amis. Le malheureux brigadier, père de famille, et ayant 25 ans de service, a été ramené, le soir, à sa demeure par son généreux vainqueur.

— Des ordres viennent d'être donnés pour restreindre à un seul côté de chaque rue les barricades actuellement existantes. Par ce moyen, la circulation des voitures se trouve rétablie. Les matériaux seront, autant que possible, conservés derrière la partie non démolie, afin qu'au besoin la barricade puisse être complétée en peu de temps.

— Le colonel Maillardoz est arrivé à Paris pour s'entendre avec le gouvernement au sujet des Suisses, qui sont encore au nombre d'environ 5,000. Ils sont à ce qu'il paraît fort inquiets sur leur sort. On leur a donné l'ordre de se diriger sur Macon, d'où ils reprendront le chemin de leur patrie ; ils ont perdu l'envie de servir en France.

— M. Chevallot, grenadier de la 2.ᵐᵉ légion, a paru le pre=
mier en garde national, dans le deuxième arrondissement,
le mercredi 28, à onze heures du matin, et s'est établi avec
un de ses camarades au poste de la mairie.

— M. le prince de Condé a ajouté 4,000 fr. aux 6,000 qu'il
avait déjà donnés à la souscription nationale. Ainsi S. A. a
donné 10 mille francs versés au *Constitutionnel*.

— M. Lefèvre, secrétaire de la société littéraire de Charle=
ville, nous écrit qu'aussitôt qu'on a appris, par le *Constitu=
tionnel*, les nouvelles des mémorables événemens de Paris,
une souscription a été ouverte dans cette ville, et il nous
envoie comme à-compte un mandat de 4,150 fr. destiné à
secourir les blessés.

— Les habitans de Ville-les-Bordes, petite commune de
180 ames, et très-pauvres, (Seine-et-Marne,) ont ouvert
une souscription pour les blessés de Paris, et ont chargé le
maire de recevoir leur offrande de la souscription, montant
à 95 f. 55 cent. Cette commune est si peu riche, que, dans la
liste des souscripteurs, il est beaucoup qui n'ont pu donner
que 10, 15 ou 20 cent., mais chacun a voulu contribuer à
cette œuvre de la reconnaissance, et chacun a donné le de=
nier de la veuve.

— A la tête des braves qui ont combattu à Sèvres, et qui
ont attaqué le pont, se trouvait le comte de Rumigny, aide-
de-camp de M. le duc d'Orléans. Il a puissamment contribué
à l'enlèvement de la pièce de canon prise sur la garde.

CHAMBRE DES DEPUTÉS.

MM. Casimir Périer, J. Lafitte, B. Delessert, Dupin aîné
et Royer-Collard, sont proclamés candidats à la présidence.
Formation des bureaux. — 1.ᵉʳ bureau. M. Labbey de Pom=
pières, président; M. Villemain, secrétaire.—2.ᵉ M. Roman,
président; M. de Vatimesnil, secrétaire. — 3.ᵉ M. Devaux,
président; M. Persil, secrétaire. — 4.ᵉ M. Voisin de Gar=
tempe, président; M. Marchal, secrétaire. — 5.ᵉ M. de
Guénéheuc, président; M. Dupin aîné, secrétaire. — 6.ᵉ
le comte Mathieu Dumas, président; M. de Marmiere, secré=
taire. — 7.ᵉ M. Odier, président; M. Benjamin Constant,
secrétaire. — 8.ᵉ M. Jacques Lefebvre, président; M. le
comte de Lariboissière, secrétaire. — 9.ᵉ M. le comte de La=
rochefoucauld (Alexandre), président; M. le comte Lemer=
cier, secrétaire.

(MONS, CHEZ HOYOIS-DEREGY, RUE DES CLERCS N.º 10,
et chez les principaux libraires du royaume.

MARINE.

Le ministère de la marine a pris les mesures les plus promptes pour faire arborer dans tous les ports le drapeau national, et des bâtimens ont déjà été expédiés dans nos colonies pour faire reconnaître la déchéance de Charles X et de sa famille. Dans toutes nos villes maritimes, les ordres ont été reçus avec empressement, et exécutés avec enthousiasme. Les nouvelles les plus satisfaisantes arrivent de toutes parts, et cette portion de la force publique, dans tous les temps animée des sentimens les plus patriotiques, et dernièrement humiliée dans la personne d'un de ses chefs les plus honorables, s'unit avec transport à l'élan national.

Dans la séance du soir du 5, M. Labbey de Pompières, doyen d'âge, a dit :

Messieurs, nous nous sommes rendus chez le lieutenant-général du royaume pour lui remettre la liste des candidats; il m'a dit qu'il aurait désiré que la chambre nommât elle-même son président, qu'il recevait la liste des candidats, parce que la loi le voulait, et que tout bon citoyen devait se conformer aux lois, mais qu'il espérait que ce serait la dernière fois, et que par la suite ce serait vous-mêmes qui nommeriez votre président.

Ensuite, la chambre a élu pour ses secrétaires, MM. Jacqueminot, Pavée de Vandœuvre, Cunin-Gridaine et Jars.

— Louis-Philippe d'Orléans, duc d'Orléans, lieutenant-général du royaume, avons nommé et nommons M. Casimir Perrier, président de la chambre des députés.

Signé LOUIS-PHILIPPE D'ORLÉANS, duc d'Orléans.

MAISON D'ORLÉANS.

Le duc d'Orléans actuel a environ 57 ans; il épousa, en 1809, Marie-Amélie, fille du feu roi Ferdinand IV des Deux-Siciles, sœur du roi régnant François I.er et par conséquent tante de la duchesse de Berry. Neuf enfans naquirent de ce mariage.

Ferdinand-Philippe-Louis-Charles-Henri-Joseph, duc de Chartres né le 3 septembre 1810.

Louise-Marie-Thérèse-Charlotte-Isabelle, mademoiselle de France, née le 3 avril 1812.

Marie-Christine-Caroline-Adelaïde-Françoise-Léopoldine, mademoiselle de Valois, née le 12 avril 1813.

Louis-Charles-Philippe-Raphael, duc de Némours, né le 25 octobre 1814.

Marie-Clémentine-Caroline-Léopoldine-Clotilde, mademoiselle de Beaujalois, née le 3 juin 1817.

François-Ferdinand-Philippe-Louis-Marie, prince de Joinville, né le 14 août 1818.

8

Charles-Ferdinand-Louis-Phillipe-Emmanuel, duc de Penthièvre, né le 1.er janvier 1820.

Henri-Eugène-Philippe-Louis, duc d'Aumale, né le 16 janvier 1822.

Antoine-Marie-Philippe-Louis, duc de Montpensier, ne le 31 juillet 1824.

Le duc d'Orléans a donné à ses enfans une éducation toute natio-nale; ils ont frequenté, de même que ceux d'un citoyen français et sans aucune distinction, les institutions de la patrie.

NOTICE SUR LE DUC D'ORLÉANS.

Louis-Philippe duc d'Orléans, fils ainé du duc d'Orléans, mis à mort pendant la révolution, est né le 6 octobre 1773; il descend de Henri IV, au même dégré que Louis XVIII, le chef de sa maison etant Monsieur, frère de Louis XIV. Peu de princes possèdent des connaissances plus nombreuses et plus variées; il parle la plupart des langues de l'Europe avec autant de correction que de facilité. Il montra dans toute sa vie un caractère de prudence et de réserve remarquables et aima cons-tamment la liberté. Un décret de l'assemblee constituante permettant aux colonels propriétaires de prendre le commandement de leurs ré-gimens, ce prince, alors duc de Chartres, se mit à la tête du régiment de dragons qui portait son nom et se rendit à l'armée du Nord. Il s'y distingua et fut nommé maréchal-de-camp le 7 mai 1792, et lieutenant-général le 11 septembre suivant, à la suite de la retraite de Keilerman. Ce fut en cette qualité qu'il décida par sa fermeté la victoire de Valmy. Il passa ensuite sous les ordres de Dumouriez, et fut chargé du com-mandement de la seconde colonne qui se portait sur la Flandre, où il contribua à chasser les Autrichiens jusqu'à St-Ghislain. La victoire de Jemmapes est due en grande partie à ce prince. C'est lui qui rallia les fuyards en une colonne sous le nom de *bataillon de Mons*, et se rendit maître des redoutes ennemies. Le duc de Chartres battit de nouveau les Autrichiens, le 13 novembre, à Anderlecht et entra dans Liége le 28. Il asista au siége de Maestricht, et commanda le centre de l'armée de Dumouriez, à Neerwinde.

Lors de la proscription de Dumouriez, le duc de Chartres fut, comme lui, décrété d'arrestation. Il suivit alors Dumouriez en exil. A son pas-sage à Mons, on lui offrit le commandement d'une division autrichienne, qu'il refusa. Il se dirigea d'abord sur la Suisse, où il plaça M.lle d'Or-léans sa sœur dans le couvent de Bremgartem, et voyagea ensuite pendant plusieurs mois, seul et à pied, dans les parties les plus sauvages des Alpes. La persécution dont il etait devenu l'objet était telle que n'étant toléré nulle part et dénué de toutes ressources, il fut obligé d'accepter la place de professeur au collège de Riechnau, près de Coire, où il en-seigna pendant huit mois, après lesquels il se rendit à Hambourg et par-courut à pied le Danemarc, la Norwége et la Laponie, et revint par la Suède à Hambourg. La présence du nouveau duc d'Orléans en Europe, porta ombrage au directoire exécutif, qui lui promit la liberté de ses deux frères, à condition qu'il partît pour l'Amérique; il s'y rendit en 1795. Ayant appris que la duchesse d'Orléans, sa mère, avait été déportée en Espagne, il se dirigea avec ses frères, en 1798, vers les colonies espagnoles, où le gouvernement ne leur permit pas de sé-journer. Ils furent mieux accueillis par le duc de Kent à Halifax; ce prince les engagea à partir pour l'Angleterre, où ils arrivèrent en 1800, et s'y reconcilièrent avec la branche de Bourbon. Après avoir tenté vainement de délivrer sa mère, le duc d'Orleans se rendit à la cour de Sicile, où il distingua la princesse Marie-Amélie, fille du roi, qu'il épousa à Palerme le 25 novembre 1809.

Le duc d'Orléans revint dans sa patrie lors de la restauration. Il es-pérait pouvoir prendre part aux discussions de la chambre des pairs, mais Louis XVIII ne l'y autorisa pas. Pendant les cent jours il se retira en Angleterre, repoussa tous les moyens qu'on avait mis en usage pour le déterminer à se rendre à Gand, et ne revint en France qu'après que le roi eut autorisé les princes à prendre séance dans la chambre des pairs. Le duc d'Orléans s'opposa avec beaucoup d'énergie à l'adresse sur *l'épuration des administrations et le châtiment des coupables*, qui avait été mise en discussion dans cette chambre. L'issue de ce débat, la défense de lui donner de la publicité, les défiances de la cour déterminèrent ce prince à retourner en Angleterre jusqu'en 1817. Il avait depuis fixé sa résidence près de Paris, à Neuilly, où il passait presque toute la belle saison, occupé de l'éducation de sa nombreuse famille.

CHARLES X A DREUX.

L'ex-roi est arrivé à Dreux mercredi, à trois heures après-midi, dans un profond abattement; des larmes ne cessaient de couler de ses yeux, la Dauphine paraissait moins abattue; elle était vêtue plus que simplement : sa tête était couverte d'un chapeau de paille froissé, son col était sans fichu : la duchesse de Berry était en homme; une redingotte verte à collet de velours, un large pantalon, les cheveux ramassés sur son front, telle était sa tenue; elle semble profondément affectée; ses deux enfans sont à ses côtés, ils rient, ils jouent; ils ignorent les maux que leur famille a faits à la France. Le Dauphin a conservé sa même allure; sa figure n'exprime aucun sentiment. La même voiture contient toute la famille royale : c'est une voiture dorée de la cour, traînée par huit chevaux de luxe; sept à huit bottes de foin sont placées derrière. Le cortège, disons-nous, est arrivé à trois heures; 400 hommes de la garde nationale de Dreux, avec la cocarde, étaient sous les armes. M. Odillon-Barrot les a arrangés. Les gardes-du-corps sont entrés dans la ville. Quelques régimens de la garde, éclaircis par les combats de Paris et la désertion, ont fait halte à 500 pas des faubourgs pour y bivouaquer. Les commissaires doivent licencier ces troupes.

Il ne reste autour de l'ex-roi que huit ou dix officiers-généraux et Marmont. On distingue parmi ces premiers M. de Guiche, qui a conservé une sorte de gaîté, et une mise dont le soin et la recherche étonnent au milieu des visages pâles et défaits qui environnent l'ex-roi. M. de Guiche, assure-t-on, n'a pu s'empêcher d'admirer l'héroïque conduite des Parisiens. « Il est bien malheureux, a-t-il dit, que de si grandes choses aient été exécutées pour une mauvaise cause. »

Il a ajouté qu'ils étaient suivis par 15,000 gardes nationaux de la capitale, et que, s'ils étaient joints par cette armée citoyenne, il serait possible qu'il y eût une bataille à Dreux; que si on les laissait partir sans les inquiéter, ils quitteraient paisiblement la France.

Depuis quarante-huit heures, les gardes-du-corps et les autres troupes n'avaient pas mangé. Aux portes de la ville l'ex-Roi a demandé un verre d'eau et de vin, qu'on s'est empressé de lui présenter. Il est descendu chez M. du Barrey.

Le drapeau tricolore n'a pas cessé de flotter sur les clochers et aux fenêtres des établissemens publics.

Charles X a dû coucher jeudi à Verneuil; là des chevaux de poste sont commandés pour le conduire lui et sa famille à Cherbourg.

— Une médaille en bronze, en argent et en or, avec cette inscription: *Paris, 27, 28, et 29 juillet* 1830, va être frappée et vendue au profit des blessés. Suspendue à un ruban tricolore, elle sera portée par les hommes à la boutonnière, et par les femmes en sautoir.

— Le 5, vers quatre heures de l'après-midi, on a vu arriver par la route de Versailles, les huit voitures à huit chevaux qui figurèrent, il y a quatre ans, dans les pompes du sacre. C'était un spectacle d'une singularité inouie, que celui de ces beaux carosses dorés et magnifiquement attelés, remplis de gens du peuple, de soldats parisiens, dont les baïonnettes, les piques, les sabres passaient par les portières. Il y en avait partout, sur les chevaux, sur le train, sur l'impériale des voitures. Les applaudissemens d'une foule immense amassée sur le passage se mêlaient au bruit des coups de fusils tirés en l'air par les hommes du cortège. Tout le service des écuries de la couronne suivait, sur les chevaux de main, ou dans les fourgons de chasse. Les fugitifs de Rambouillet n'ont pas eu le temps de disperser et de faire vendre les attelages de la cour. Le peuple, en rentrant disait : « Voilà des voitures et des chevaux pour le duc d'Orléans. » Encore un cadeau que nous lui faisons ! »

— En allant le 5 à Rambouillet, le peuple s'entretenait des journées de la révolution et de la gloire de l'empire. On disait qu'un des premiers actes du gouvernement du duc d'Orléans devrait être de réclamer des ministres anglais les restes de Napoléon. En effet, ces glorieux restes sont la propriété de la France; et, s'ils peuvent dignement reposer quelque part, c'est au milieu de ce brave peuple qui vient de réaliser l'une des prophéties du captif de Sainte-Hélène. « La contre-révolution pourra faire peur aux marchands quinze, vingt ans, mais elle se cassera le nez contre les piques de 91. »

— Le général Clauzel est chargé du commandement en chef de l'armée d'Afrique.

— Le grand aumônier de France, M. de Croy, cardinal, archevêque de Rouen, a planté de sa main le drapeau tricolore à la porte de l'archevêché.

— Agir dans ce cas-là d'une manière prompte et ferme, c'est faire ce qu'on croit juste, sensé et convenable à la situation. Comment peut-on remplir ces conditions ? En conservant la monarchie représentative, avec les modifications nécessaires à la charte, et en donnant la couronne au seul prince qui la puisse porter. Voilà ce que nous croyons nécessaire au repos public et à la prospérité de la France. L'immense majorité du pays forme ce vœu. Cela étant, pourquoi hésite-t-on à trancher la question ? pourquoi laisse-t-on les esprits flotter et s'égarer dans des voies diverses et contraires ?

— La vignette représentant *Un Jésuite*, dans lequel la police correctionnelle avait vu il y a peu de semaines, une ressemblance injurieuse pour l'ex-roi, s'est vendue aujourd'hui à plus de 20,000 exemplaires.

— A l'un des combats contre la garde royale, celle-ci, repoussée par les citoyens, avait abandonné une pièce de canon qui se trouvait sur un espace vide, mais il y avait du danger de s'en approcher, à cause de la fusillade. Un élève de l'école polytechnique, qui était à la tête des bourgeois armés, court sur la pièce qu'il retient de ses deux bras. Elle est à nous, dit-il, je la garde, je mourrai dessus plutôt que la rendre.

On lui crie derrière : « Les braves nous sont chers ; vous « allez être tué, revenez à nous. » Le jeune homme n'écoute rien et tient la pièce encore plus embrassée, malgré une grêle de balles qui pleuvent autour de lui. Enfin, la garde royale est forcée de reculer encore par le feu des citoyens qui s'avancent alors sur le terrain, joignent la pièce et sau= vent le brave qui s'en était emparé le premier.

À la prise du château, un autre élève, qui était aussi à la tête des citoyens armés, se présente à la grille. Un officier supérieur s'approche aussitôt : « Ouvrez, lui dit le jeune com= mandant, si vous ne voulez être tous exterminés, car la liberté et la force sont pour le peuple. » L'officier s'y refuse, et lâche son pistolet, dont le coup ne part pas. Le jeune élève, qui conserve son sang-froid, saisit au même instant l'officier à la poitrine, et dirigeant son épée sur lui, il lui dit : « Votre vie est à moi, je pourrais vous égorger, mais je ne veux pas verser le sang. » L'officier tout ému de cet acte de générosité arrache la décoration qu'il portait, et la présente à son noble ennemi en disant : « Brave jeune homme, personne « n'est plus digne que vous de porter ce signe de l'honneur, « et recevez-le de ma main ; officier supérieur, j'ai joui « jusqu'à ce moment de quelque crédit, et je suis certain « qu'il vous sera continué. Votre nom ? — *Élève de l'école* « *polytechnique.* » Et le jeune homme rejoint aussitôt les siens.

— Quand M. de Peyronnet a été arrêté à Tours, c'est le père du malheureux Sirejean, condamné pour délit poli- tique et fusillé, malgré son recours en grâce, par les ordres de l'ex-ministre, qui l'a le premier reconnu. Ce n'est qu'avec les plus grands efforts qu'on a pu le soustraire à la fureur du peuple.

— Un garçon brasseur nommé Richart, et Dubois, ancien maréchal-des-logis, se sont battus le 31 juillet, entre Sèvres et Versailles, contre vingt cuirassiers de la garde royale ; ils ont démonté deux soldats et sont revenus sur leurs che= vaux à Paris.

— On a trouvé dans les papiers des ministres déchus une ordonnance portant établissement d'une cour martiale, dont les arrêts auraient été exécutés dans l'heure de la pronon= ciation : elle n'aurait prononcé que la peine de mort.

Après quinze ans d'un règne odieux et déshonorant, la maison de Bourbon est pour la seconde fois exclue du trône. La chambre des députés a prononcé le 30 juillet cette grande détermination en appelant à la lieutenance générale du royaume la maison d'Orléans.

Cette satisfaction était due à la nation française, qui avait souffert quinze ans un gouvernement incapable, vexateur, prodigue et injurieux pour elle.

Il y a quinze ans que la France ne pouvait plus prononcer avec éloge le nom glorieux des hommes qui l'avaient affranchie en 1789. La révolution passait pour un acte dont elle devait se repentir et demander pardon. Elle était obligée de s'excuser d'avoir voulu être libre.

Tous les braves de l'ancienne armée en étaient presque à excuser leurs victoires, ou bien étaient comme obligés de recevoir d'une main ennemie la confirmation de leur gloire.

Le commerce était sans protection. Nos intérêts extérieurs étaient livrés au hasard d'alliances calculées dans ce qu'on appelait un intérêt de dynastie. Il faut être ami de tout le monde, mais il faut n'être faible pour personne.

Nos finances étaient livrées à un affreux gaspillage ; nos routes dans un état affreux. La France, qui est la nation la plus civilisée de l'Europe, avait les routes les plus mauvaises. Nos places fortes étaient toutes démantelées. On avait donné aux émigrés un milliard qui aurait pu servir à mettre nos routes et nos places fortes dans le plus bel état.

La nation française était soumise au commandement de princes incapables, dégénérés, et sans aucun rapport d'esprit avec elle.

Le trône devait passer d'un père faible, et cependant obstiné, dépourvu de toutes lumières, à un fils sans intelligence, et sans connaissance des intérêts qu'il avait à régir.

L'avenir de la France était aussi sombre que son présent.

Enfin, cette famille a fait couler des flots de sang français pour la cause d'un pouvoir usurpé, celui qui était contenu dans les ordonnances.

Du reste la punition ne s'est pas fait attendre.

Lundi, les ordonnances attentatoires à nos droits ont paru, et, aujourd'hui vendredi, la déchéance est prononcée.

La chambre a senti qu'il fallait établir un gouvernement pour remplacer celui qui vient d'être détruit. Nous avons besoin d'une organisation prompte, forte et active. Placés au milieu de l'Erope, entre une foule de puissances rivales, il nous faut un gouvernement stable et ferme. La république, qui a tant d'attrait pour les esprits généreux, nous a mal réussi il y a trente ans. Livrée aux rivalités des généraux, elle a succombé sous les coups du premier homme de génie qui s'est rencontré pour la soumettre.

, Il nous faut cette république, déguisée sous une monar=
chie, au moyen du gouvernement représentatif;

La Charte, toujours la Charte, avec les modifications que
la raison et le besoin public ont indiquées;

. Enfin, les couleurs tricolores, couleurs admirables, qui
ont figuré dans toutes les parties du monde, sur les bords
du Nil, du Jourdain, du Tibre, du Pô, du Tage, du Danube
et du Boristhène.

───────────

600 blessés ont été déposés à l'Hôtel-Dieu dans les journées
mémorables des 27, 28, et 29 juillet. Près de cent ont succombé;
tous ont été atteints par devant, à la poitrine, près du cœur;
tous ont été frappés de près. On sait que les premiers secours
en argent leur furent assurés par M. le duc d'Orléans. Les
plus douces consolations leur ont été portées par la Duchesse.

S. A. R., accompagnée de M. de Marbois, pair de France
et de M. Delaborde, préfet de la Seine, a parcouru toutes les
salles où sont soignés ceux qui ont versé leur sang pour nos
libertés; M.me la duchesse avait auprès d'elle les princesses
ses filles, M. le duc de Nemours et le prince de Joinville : il
semblait que S. A. R. voulut apprendre à ses enfans, par
son exemple, comment on honore le courage et comment
on fait chérir la bonté.

M.me la duchesse s'est approchée de chaque lit. Ses paroles,
douces, affables, pleines de bienveillance et de persuasion,
rendaient le calme aux malades que la fièvre agitait encore,
et l'espérance à ceux que la gravité de leurs blessures jetait
déjà dans le découragement.

S. A. R. a remercié les gens de l'art et les sœurs des soins
qu'ils rendaient aux blessés; elle remerciait les blessés des
sacrifices qu'ils ont faits à leur pays.

Le zèle infatigable de M. Dupuytren, de M. Bréchet et
de ses élèves, est en effet au-dessus de tous éloges.

' — Le caisson contenant les diamans de la couronne a été
déposé aujourd'hui entre les mains du caissier du trésor
royal. M. de Gousée, colonel de la garde nationale et premier
aide de-camp de M. le général Pajol, qui l'avait envoyé à
Rambouillet pour s'emparer des diamans, avait fait dresser
un procès-verbal en présence du sous-préfet, du maire et
de tout le conseil municipal. Les scellés, qui avaient été
apposés avant le départ du caisson, ont été conservés, et
M. Kesner a donné récépissé à M. de Gousée.

— Parmi les braves citoyens qui ont été blessés, on cite
le jeune Sèxe, ouvrier horloger, qui, tout criblé de balles,
ayant reçu, en outre, deux coups de baïonnette dans la poi=
trine et un coup de sabre dans l'avant-bras droit, a fait pri=
sonnier un officier de la garde et plusieurs soldats, après
avoir participé à la prise du Louvre et des Tuileries.

— La pièce suivante a été placardée le 7 sur les murs de la capitale :

Rapprochement remarquable.

« Le 28 juillet 1830 correspond au 9 thermidor an 38, ainsi le jour de la chûte des Bourbons a été le jour anniversaire de la chûte de Robespierre.

— Il paraît certain que le 27 juillet des mandats d'arrêts étaient décernés contre 40 pairs de France, contre plusieurs députés, et contre les principaux rédacteurs des journaux constitutionnels qui ont signé la provocation de désobéissance aux ordonnances du 25 juillet. Ces mandats furent remis le jour même entre les mains de M. Mangin, et la crainte seule avait pu en suspendre l'exécution.

— Dans la nuit du 1.er au 2 quelques coups de fusil ont été tirés contre les postes des gardes nationaux par des hommes qui se sauvaient dans l'ombre. On en a cependant arrêté quelques-uns. Il paraît que l'ancienne police royale a fait répandre de l'argent pour exciter quelques mouvemens de guerre civile dans Paris. Cette tentative est aussi folle que scélérate : elle échouera devant l'union admirable des Parisiens. Mais ces individus de l'ancienne police, la plupart forçats libérés, sont aussi chargés de commettre des excès pour les faire attribuer à ce peuple si héroïque dans toute sa conduite.

Ce sont eux aussi qui poussent des cris isolés de *Vive la république !* et qui parlent contre le duc d'Orléans. Mais l'enthousiasme avec lequel ce prince national est accueilli déjouera les trames obscures des malfaiteurs payés pour troubler notre paix et notre bonheur.

— M. Choppin, propriétaire du manège de Luxembourg, a rendu les plus grands services. Revêtu du costume de gendarme des chasses, il a organisé une troupe à l'Odéon, s'est rendu maître de tous les postes; il s'est battu au Louvre, aux Tuileries, à la bourse dont il se fit remettre les clefs; il a reçu à l'hôtel-de-ville les généraux Lafayette et Dubourg. Parcourant la rue Saint-Antoine avec un petit chapeau *à l'Empereur*, il a rallié autour de lui une foule de citoyens des faubourgs; quatre de ses chevaux, qu'il a mis au service des combattans, sont tués; trois sont perdus. — Le sieur Etienne Moland, marchand de vin, rue des Enfans-Rouges, n.° 15, a désarmé à lui seul quinze soldats et un sous-officier.

A MONS, CHEZ HOYOIS-DEREI.Y, RUE DES CLERCS N.° 10, et chez les principaux libraires du royaume.

PHILIPPE D'ORLÉANS,
ROI DES FRANÇAIS.

La chambre des députés a couronné le 7 août, par une mémorable séance, les héroïques événemens des derniers jours de juillet.
Jamais discussion ne fut plus solennelle, plus grave et plus libre. Le
petit nombre de députés qui accordent des regrets plus géréreux que
sincères à la dynastie qui vient de s'éteindre, ceux-là même qui ont eu
le malheur de s'associer à son odieux système; ceux qui, tout en blâ-
mant les détestables conseils auxquels elle céda, essayent, par une
pudeur qu'apprecieront tous les esprits délicats, de rejeter sur un funeste entourage les desseins d'un roi qui, toujours averti, ne voulut
jamais entendre et répéta, avec une désespérante obstination, que ses
volontés étaient *immuables*; tous ces hommes ont été entendus avec un
religieux silence.

Et quand on songe que les mandataires de la nation, si paisibles, si
attentifs, si pénétrés du respect qui est dû aux vaincus, seraient aujourd'hui exilés, proscrits, traînés peut-être sur les échafauds, on ne
saurait trop proclamer que la chambre des députés a été l'interprète
de la plus noble et de la plus magnanime des nations; qu'elle a dignement représenté, par sa modération après la victoire, ce peuple qui
respectait l'ordre jusque sous le feu de la mitraille royaliste; ce peuple
qui, maître de tout par la conquête, ne toucha à rien, et se montra
tout à la fois le plus brave et le plus probe, le plus héroïque et le plus
désintéressé.

Philippe d'Orléans est proclamé roi des Français; une charte que ne
peut plus altérer l'astuce ou l'hypocrisie, et qui ne sera plus livrée aux
jésuitiques interprétations de la mauvaise foi; toutes les garanties as-
surées, tous les droits consacrés, une monarchie populaire, un Roi
Citoyen, tels sont les bienfaits dont trois jours de sacrifices, de courage et de dévoûment ont doté la France, la France, devenue la plus
forte, la plus libre, la plus grande des nations, qui vient de mériter
l'admiration de tous les peuples, et de conquérir le respect de tous
les rois.

A peine le mémorable bill des droits de la France était-il voté, que
la chambre des députés s'est portée en corps au Palais-Royal. Précédée
de ses huissiers, parés des couleurs tricolores, et ayant à sa tête son
président, ses vices-présidens, secrétaires et questeurs, elle a traversé
escortée par une division de gardes nationaux, la place Louis XV, la
rue de Rivoli et la rue Saint-Honoré, au milieu des flots d'une nombreuse population, qui la saluait des acclamations les plus vives.

Arrivée au Palais-Royal, elle a été reçue dans les appartemens du
lieutenant-général du royaume, qui était entouré de sa jeune et nombreuse famille.

M. Laffitte, président de la chambre, a lu le bill des droits de la
France, et le prince lui a fait la réponse suivante, avec une émotion
vive et profonde, qui s'est communiquée à tous les députés témoins de
cette grande solennité nationale :

« Je reçois avec une profonde émotion la déclaration que vous me
« présentez. Je la regarde comme l'expression de la volonté nationale,
« et elle me paraît conforme aux principes politiques que j'ai professés
« toute ma vie.

« Rempli de souvenirs qui m'avaient toujours fait désirer de n'être
« jamais destiné à monter sur le trône, exempt d'ambition et habitué
« à la vie paisible que je menais dans ma famille, je ne puis vous ca-
« cher tous les sentimens qui agitent mon cœur dans cette grande
« conjecture, mais il en est un qui les domine tous, c'est l'amour de
« mon pays. Je sens ce qu'il me prescrit et je le ferai. »

Des larmes se sont échappées des yeux du prince, et ont tout-à-coup étouffé sa voix. Il a serré avec affection la main du président de la chambre et de tous les députés, au milieu desquels il s'est précipité, comme il se serait jeté dans les bras de la nation dont ils venaient d'exprimer les vœux. Soudain les cris mille fois repetés de *Vive le Roi!* font retentir les voûtes du palais ; tous les chapeaux, ornés de couleurs tricolores, se levent et s'agitent à la fois. Les officiers nationaux brandissent leurs épées, et le Roi-Citoyen est pressé dans tous les bras et sur tous les cœurs.

Son épouse, le modèle des bonnes mères de famille, s'avance entourée de ses huit enfans, et les cris de *vive la Reine ! vive la Famille royale!* succèdent à celui de *vive le Roi des Français.*

Cependant une immense population encombrait la place du Palais-Royal, et les rues adjacentes, et du rez-de-chaussée jusque sur les toits, les citoyens habitant des maisons portant la trace glorieuse des balles et de la mitraille, attendaient avec impatience que le roi constitutionnel se montrât au peuple victorieux de la capitale.

Philippe d'Orléans a paru sur le balcon, et le cri de *vive le Roi!* répété par des milliers d'échos a attesté la joie et les espérances de cette ville de Paris, qui a été si digne du titre glorieux de capitale de la France, en abattant la tyrannie et en contribuant a fonder le plus fort des gouvernemens, parce qu'il sera le plus libre et le plus juste.

La reine, la sœur du Roi, princesse si bienveillante, charitable et si bonne, le prince royal, ses jeunes frères et ses sœurs, ont tour à tour salué la population parisienne, qui a vu avec attendrissement cette nombreuse famille, étroitement pressée autour de son chef, ce Roi qui a fait elever ses fils avec les nôtres, qui se plaît au sein de sa famille comme un bon bourgeois, et qui trouvera son bonheur au milieu de ce peuple des mains duquel il reçoit la plus glorieuse et la plus belle des couronnes, puisqu'elle fut conquise par la victoire et qu'elle est décernee au nom de la liberté.

L'insurrection du Hâvre a été admirable. Pas un coup de feu n'a été tiré. La population en masse voulait déserter la ville et se porter sur Paris. La garnison (le 45.ᵐᵉ de ligne), consignée au quartier, s'est soulevée spontanément, se trouvant sans contact avec le peuple. Officiers et soldats, arborant la cocarde tricolore ont chassé le colonel, qui résistait seul au mouvement. Le commandant de place, comte de Divonne, qui s'est fait un nom dans les massacres de la rue Saint-Denis, s'est sauvé, déguisé en sapeur-pompier et accompagné du colonel. M. de Divonne voulait, avant son départ, faire sauter la poudrière, pour récompenser la ville de l'avoir épargné. Cet exécrable dessein n'a pu être accompli. Une souscription, pour faire face aux frais d'une expédition sur Paris, a fourni 200,000 francs en un instant. La marine américaine s'est jointe au mouvement avec un extrême enthousiasme. Ces Bourbons, que le Hâvre avait recus avec tant d'espérance en 1814, n'ont pas trouvé, en 1830, une voix, une seule voix pour les défendre.

— M. le général Saldanha s'est présenté le 28 et le 29, en son nom et au nom de ses compatriotes, au général Lafayette, pour offrir ses services à la cause de la liberté.

— Les citoyens ont fait hommage d'un drapeau à MM. Petit frères, fabricans de plomb de chasse, propriétaires de la cour Saint-Jacques-la Boucherie, en reconnaissance de la libéralité avec laquelle il leur a distribué des armes et des munitions. Ce drapeau flotte au haut de la tour Saint-Jacques. — C'est M. Gruger, ancien sous-officier d'artillerie, rue Saint-Joseph, n.° 12, qui, le vendredi 30 juillet, est entré dans le château de Saint-Cloud à la tête de cinquante hommes. — Le sieur Cyrot, de la manufacture de M. Colas Balsta, et les sieurs Canes, Bertandin, Avril, Daunors et Lorrain ont vaillamment combattu rue de Charonne.

— Un lieutenant au 6.e régiment, blessé mortellement le 29, dans la rue Saint-honoré, M. Ferrand, n'a cessé, pendant les 30 heures qu'il a vecu, de s'écrier : « *Je suis Français; ma patrie m'est chère : on m'a forcé de tirer sur mes frères; j'ai voulu donner ma demission, on l'a refusée : j'ai été contraint d'obéir.* » Sa dernière volonté a été que l'argent qu'il possédait fût remis comme secours aux braves blessés et aux mères de famille, dont les maris ont succombé.

— M. Thiébaut, garde national de la 8.e légion, après avoir combattu avec intrépidité, a eu le bonheur de sauver la vie à plusieurs gardes royaux désarmés.

M. Delton, de la 5.e légion, a sauvé douze de ces malheureux égarés. — Charles Brehmes, Hanovrien d'origine, et ouvrier chez M. Gambey, rue Saint-Antoine, a fait des prodiges. Il s'arme avec deux amis; les voit bientôt périr à ses côtés, et ce malheur triple son courage. Il tire plus de 60 coups de fusil, et presque tous portent. Il ne cesse de combattre qu'après avoir eu un doigt emporté, l'autre main percée par une balle, et l'épaule fracassée. Il est aujourd'hui à l'hospice de la pitié. — Auguste Cugnier, Suisse de naissance, ouvrier du même atelier, s'indigne de voir des compatriotes tirer sur le peuple : « Ces malheureux, s'écrie-t-il, oublient donc que ce sont les enfans de Guillaume Tell ! » Il s'arme aussitôt, ne s'attache qu'aux Suisses et en tue presque autant qu'il en ajuste. Il n'a point été blessé. — M. Milbert, entrepreneur de charpente, boulevard du Mont-Parnasse, armé d'une seule canne, a étendu mort un Suisse dans le Louvre, s'est emparé de son fusil, a tué un autre Suisse, et donné un coup de baïonnette à un 5.e; puis il est allé faire faction dans les galeries, pour préserver les monumens des arts.

— Une ressemblance de nom a fait répandre le bruit que le général Dubourg avait été arrêté. Ce brave général qui s'est montré d'une manière si héroïque, est retenu dans son lit par une maladie, suite de contusions et de fatigues, qui heureusement ne laisse aucune inquiétude sérieuse aux amis de la patrie.

— Une lettre de Bordeaux du 31 juillet annonce que le château de M. Peyronnet, situé à 3 ou à 4 lieues de cette ville, a été incendié, et que la colonne du 12 mars a été détruite. Le drapeau tricolore a été arboré à Bordeaux, et tout y est rentré dans un calme pareil à celui de la capitale.

— On parle d'annuler tous les marchés faits à la bourse depuis le 24, par la raison que les grands spéculateurs à la baisse, tels que MM. de Polignac et Ouvrard connaissaient, de source certaine, les ordonnances fatales, et qu'ils gagneraient des millions à cette liquidation.

— Dans la journée du 27 juillet, M. Lepage, arquebusier, crut devoir s'opposer à l'enlèvement des armes antiques et précieuses que contenaient ses magasins; il voulait faire lui même, avec des ouvriers, une distribution régulière de tout ce qui pouvait servir à la défense personnelle des patriotes.

Pendant les trois jours, M. Lepage n'a cessé de distribuer des armes et des munitions de toute espèce, le 27 au matin, il s'était pourvu de 120 livres de poudre.

Depuis le mardi, une foule continuelle de balles de tout calibre a eu lieu chez lui; on en a distribué à toute heure; il était assisté de son père, vieillard de 85 ans.

Le patriotisme est héréditaire dans la famille Lepage.

— Lors de la première révolution, M. Lepage père, arquebusier, livra trois fois ses magasins aux défenseurs de la liberté. Aujourd'hui M. Lepage fils n'a conservé que son fusil national, et dans ce moment, comme tous les concitoyens, heureux du triomphe populaire, il est sous les armes à la municipalité.

— Le jeune Millot-Pierre se trouvant dans la mêlée, rue Saint-Martin, reçut d'un officier supérieur un fusil double; il rallia aussitôt plusieurs ouvriers, se mit à leur tête, et, au coin de la rue aux ours, leur décharge fit reculer l'ennemi. Près de la porte Saint-Martin, voyant un officier qui venait de tuer un enfant, il s'avança sur lui, le renverse mort, et s'opposa à ce qu'on le dépouillât en disant aux braves qui l'avaient suivi de leur propre gré : *Ne souillez point votre belle conduite; la patrie à besoin de nos bras; en avant!*

— Le colonel Ordener, qui commandait le 1.ᵉʳ régiment des cuirassiers dans les cent jours, est nommé colonel du 1.ᵉʳ régiment de la même arme.

— Le colonel Bro est nommé commandant du 4.ᵉ régiment de cuirassiers, en remplacement de M. Charette.

— Une lettre de Lyon, du 2 août, annonce qu'on y a arrêté plusieurs charriots chargés d'armes et de munitions, et dans lesquels se trouvaient une ou deux barriques remplies de poignards; le tout destiné pour les départemens méridionaux.

— Un corps nombreux, composé de sapeurs-pompiers et d'autres citoyens des communes environnant Paris, tous bien armés, le drapeau tricolore en tête, s'est rendu dans la matinée sur le terrain du Louvre. Là ils ont salué les mânes des défenseurs morts pour la cause de la liberté, et qui reposent sur cette terre désormais sacrée. Ils se sont trans= portés ensuite sur la place du marché des innocens pour remplir les mêmes devoirs sur la tombe des braves qui y sont inhumés.

— L'administration des grandes messageries a tenu compte à tous les ouvriers de leur paie habituelle pendant qu'ils ont été au feu, et en outre déposé une somme de 5,000 fr. à la mairie du 3.ᵉ arrondissement pour les victimes des glo= rieuses journées des 27, 28 et 29 juillet.

— La compagnie des commissaires-priseurs de Paris a voté à l'unanimité, et mis à la disposition du préfet une somme de 4,000 fr. pour les premiers secours à donner aux braves blessés dans les journées de juillet.

— Douze à quinze gendarmes se trouvaient enfermés dans l'hôtel Polignac, aux affaires étrangères, dans l'après midi de la journée du 29, et le peuple armé voulait qu'on le leur livrât. M. Casimir Perrier, qui rentrait chez lui, informé du motif de ce rassemblement, intercéda en leur faveur, et le docteur Laberge, son ami, fut chargé par lui, conjointement avec M. Rollet, de pourvoir à leur sûreté. Ces deux messieurs pénétrèrent alors dans l'hôtel, où ils trouvèrent entassés dans un office très-obscur les gendarmes dans un état pitoya= ble et presque nus, car ils s'étaient dépouillés de leur uni- forme. On leur fit donner des vêtemens ordinaires, et il leur fut permis de sortir par une autre porte, sur la rue des Capu- cines. Après s'être ainsi acquittés de leur noble mission, MM. Laberge et Rollet se présentèrent au peuple. Quelques cris s'élevèrent encore pour demander les gendarmes, et furent bientôt calmés par M. Laberge, qui fit entendre au peuple ces paroles : « Vous vous êtes couverts, citoyens, d'une gloire immortelle, dont le souvenir ne se perdra jamais. Vous ne pouvez pas la souiller, et vous ne la souille= rez pas, j'en suis certain, par un assassinat sur des hommes sans défense et qui demandent grâce. » De nombreux *vivat* se sont fait entendre; la foule s'est dispersée à l'instant, et les chevaux des gendarmes ont été mis à la disposition du gou= vernement provisoire.

— Des souscriptions sont ouvertes aux bureaux de tous les journaux pour les blessés et pour les veuves des gardes nationaux et volontaires.

— Le maréchal Jourdan est nommé commissaire aux affaires étrangères.

— Le peuple du quartier du Palais-Royal s'est couvert d'honneur en contraignant deux régimens de la garde royale à demander une suspension d'armes, cinquante à soixante gendarmes à capituler, en s'emparant de toutes les positions de la rue St.- Honoré et du Palais-Royal. Il a fait des pro= diges.

La suspension d'armes des deux régimens a été l'ouvrage d'un commis de la marine. Seul, la casquette, au bout du fusil, il s'est avancé intrépidement au devant du colonel de la garde, qui demandait quartier, et a bravé une décharge meurtrière pour venir annoncer cette nouvelle à ses conci= toyens.

—Par ordre de la commission municipale, des co mmissai= res nommés dans chaque mairie vont aller recueillir des sous= criptions à domicile pour les blessés. On estime que l'on peut recueillir par ce moyen près d'un million. Partie de cette somme sera employée à pourvoir à la subsistance des familles ouvrières qui sont sans pain par suite de l'interrup= tion des travaux.

— Le jeune Auguste Bastide, âgé seulement de 18 ans, a supporté, rue des Prouvaires, une fusillade meurtrière de près de cinq quarts d'heure. Tout le monde l'avait abandonné et il n'avait pour défense qu'un pistolet. — C'est M. Châler, banquier, rue des Sonneurs, n.° 1, qui, après s'être vail= lamment battu aux Tuileries, a sauvé, conjointement avec M. Monicault, l'argenterie et les vases sacrés de ce château.

— Le capitaine Bachevilles, *si connu par les persécutions qu'il a éprouvées, a quitté* les Prés Saint-Gervais où il demeu= rait. Quelques braves l'ont suivi, et bientôt ce petit corps s'est élevé à 2,000 hommes. Il a combattu partout et a été blessé à la main. — M. Bichouroux, ex–adjudant au 3.e de lanciers, et couvert de blessures, s'est battu avec intrépidité ces jours derniers. Il a été blessé sur les grilles des Tuileries après avoir tué plusieurs Suisses et gardes-royaux. Trois ennemis ont péri de sa main, rue Saint-Antoine.

— Le ministère de la marine a pris les mesures les plus promptes pour faire arborer dans tous les ports le drapeau national, et des bâtimens ont déjà été expédiés dans nos co= lonies pour faire reconnaître la déchéance de Charles X et de sa famille. Dans toutes nos villes maritimes, les ordres ont été reçus avec empressement, et exécutés avec enthou= siasme. Les nouvelles les plus satisfaisantes arrivent de toutes parts, et cette portion de la force publique, dans tous les temps animée des sentimens les plus patriotiques, et dernièrement humiliée dans la personne d'un de ses chefs les plus honorables s'unit avec transport à l'élan national.

— Le drapeau tricolore de la garde nationale de Paris portera désormais sur la cîme le coq gaulois.

— Tous les élèves de l'école polytechnique qui se sont battus à la tête des volontaires parisiens, les 27, 28 et 29 juillet, sont nommés lieutenans d'artillerie ou du génie, et ceux qui étaient destinés à des services civils obtiennent l'emploi correspondant au grade de lieutenant. Douze décorations de la légion d'honneur leur sont accordées pour être réparties par eux-mêmes à ceux d'entr'eux qu'ils en jugeront les plus dignes.

Quatre décorations sont accordées aux élèves de l'école de droit et quatre à ceux de l'école de médecine, pour être de même réparties entr'eux par la voie du scrutin.

— On a vu trois jeunes gens armés de fleurets s'élancer sur un peloton de Suisses, éviter leur feu en se jetant par terre, se relever, et arracher chacun un fusil à l'ennemi. Le plus jeune des assaillans ayant reçu un coup d'épée à l'épaule gauche, ses camarades le soutiennent, protègent sa retraite avec les armes qu'ils ont conquises, et ont le bonheur de pouvoir bientôt revenir au combat.

— Le capitaine Visto, retraité et sexagénaire, a rendu un immense service, en s'emparant, à la tête des habitans du quartier Saint-Marceau, de la poudrière du boulevard de l'hôpital. Le sergent Bachelier l'a dignement secondé en faisant distribuer avec l'ordre et les précautions nécessaires, des poudres aux défenseurs de la patrie.

— MM. Paturle-Lapin et Compagnie ont reçu et déposé aujourd'hui dans la caisse du *Constitutionnel* la somme de 3678 fr. 40 c., provenant d'une souscription faite par les employés et ouvriers de leur établissement du Cateau, en faveur des veuves et orphélins des braves Parisiens morts pour la patrie, dans les journées des 27, 28 et 29 juillet. MM. Paturle-Lapin disaient que l'offrande de ceux qui travaillent pour eux dans les campagnes ne pouvant leur parvenir aussitôt, elle serait versée plus tard. Quand auront-ils cet argent? « demandait un ouvrier à M. Paturle. — Demain. — Ah ! « tant mieux; ils seront secourus, et sauront qu'ils ont des « amis. »

— M. Artigny, boulanger, a fait déposer à la mairie 200 bons de pains de quatre livres pour être distribués aux veuves et blessés du quartier des Quinze-vingts.

— Sur la place des innocens, malgré un feu roulant commandé par l'infâme Marmont, un jeune homme planta trois fois un drapeau tricolore sous les baïonnettes et tomba mort en le replaçant pour la quatrième fois.

— Le jeune Auguste Rigaux, voyageur de Reims, s'est distingué dans ces journées. Sur huit coups de fusil il a tué sept Suisses. Il est entré l'un des premiers au Louvre et aux Tuileries.

— L'un des deux enfans qui, les premiers, et malgré le feu des gardes royaux et des Suisses, ont escaladé les grilles du Louvre et en ont forcé et ouvert la grande porte aux patriotes, est un élève de l'hospice des orphelins, nommé Pierre-Charles Petitpère, âgé de 16 ans. Ce jeune homme après avoir combattu dans le Louvre, s'est porté sur Grenelle-Saint-Honoré, où il a eu le bras droit fracassé et la main gauche percée d'une balle. Il a supporté l'amputation de son bras avec le plus grand courage, et chacun va le visiter et admirer sa résignation.

— M. Augustin Thomas, manufacturier du faubourg Saint-Martin, est un des jeunes Parisiens qui ont montré le plus de dévoûment à la patrie. Dans la journée du 27, il resta presque toujours embusqué derrière la seconde barrière de la rue Saint-Denis.

Deux autres jeunes gens, qui franchissaient avec lui la barricade de la rue Saint-Fai, furent tués à bout portant. M. Thomas les vengea à l'instant même, et étendit morts les deux soldats, qui, il faut le dire, foulaient aux pieds leurs victimes, après les avoir dépouillées. Pendant toute la journée du 28, M. Thomas, à la tête d'environ 150 jeunes intrépides comme lui et criant comme lui : *Mort ou Liberté !* s'est signalé contre les cuirassiers postés contre le boulevard Saint-Martin; lui et les siens n'avaient plus de cartouches ; ils les attaquèrent à l'arme blanche, en renversèrent une partie de leurs chevaux et mirent le reste en déroute. Après la victoire, un de ces cuirassiers, sauvé de la fureur du peuple par M. Thomas reçoit encore aujourd'hui les soins les plus empressés dans sa maison.

— On cite parmi les citoyens qui se sont distingués par leur bravoure, dans la journée du 29, M. Pellegrini, avocat, qui s'est élancé au milieu des balles pour s'emparer du bonnet d'un garde royal qu'il venait de frapper mortellement. Ce jeune citoyen, que l'on a vu constamment au poste de l'honneur, a compté 150 fr. à M. Beaudoin, marchand de vin, pour les fournitures faites sous ses yeux dans la même journée.

— Il faut encore citer le trait héroïque du nommé Cantegril, qui, le 29, sur le refus des Suisses, de rendre la caserne de Babylonne, s'avança une gerbe de paille à la main, franchit les murs et parvint à mettre le feu malgré une décharge de 150 coups de fusil, dont, par miracle, aucun ne le blessa.

A MONS, CHEZ HOYOIS-DERELY, RUE DES CLERCS N.° 10, et chez les principaux libraires du royaume.

LA MARCHE PARISIENNE.

Peuple français, peuple de braves,
La liberté rouvre ses bras,
On nous disait : Soyez esclaves !
Nous avons dit : Soyons soldats !
Soudain Paris dans sa mémoire
A retrouvé son cri de gloire :
 « En avant, marchons
 « Contre leurs canons,
« A travers le fer, le feu des bataillons,
 « Courons à la victoire. »

Serrez vos rangs; qu'on se soutienne !
Marchons ! chaque enfant de Paris
De sa cartouche citoyenne
Fait une offrande à son pays.
O jours d'éternelle mémoire !
Paris n'a plus qu'un cri de gloire :
 « En avant, marchons
 « Contre leurs canons,
« A travers le fer, le feu des bataillons,
 « Courons à la victoire. »

La mitraille en vain nous dévore,
Elle enfante des combattans;
Sous les boulets voyez éclore
Ces vieux généraux de vingt ans.
O jours d'éternelle mémoire !
Paris n'a plus qu'un cri de gloire :
 « En avant, marchons
 « Contre leurs canons,
« A travers le fer, le feu des bataillons,
 « Courons à la victoire. »

Pour briser ces masses profondes,
Qui conduit nos drapeaux sanglans ?
C'est la liberté des Deux-Mondes;
C'est Lafayette en cheveux blancs !
O jours d'éternelle mémoire !
Paris n'a plus qu'un cri de gloire :
 « En avant, marchons
 « Contre leurs canons,
« A travers le fer, le feu des bataillons,
 « Courons à la victoire. »

Les trois couleurs sont revenues,
Et la colonne avec fierté
Fait briller à travers les nues
L'arc-en-ciel de la liberté.
O jours d'éternelle mémoire !
Paris n'a plus qu'un cri de gloire :
 « En avant, marchons
 « Contre leurs canons,
« A travers le fer, le feu des bataillons,
 « Courons à la victoire. »

Soldat du drapeau tricolore,
D'Orléans ! toi qui l'as porte,
Ton sang se mêlerait encore
A celui qu'il nous a coûté.
Comme aux beaux jours de notre gloire,
Tu redirais ce cri de gloire :
    « En avant, marchons
    « Contre leurs canons,
  « A travers le fer, le feu des bataillons,
    « Courons à la victoire. »

Tambours du convoi de frères,
Roulez le funèbre signal;
Et nous, de lauriers populaires
Chargeons leur cercueil triomphal.
O temple de deuil et de gloire !
Panthéon, reçois leur mémoire !
Portons-les, marchons,
Découvrons nos fronts.
Soyez immortels, vous tous que nous pleurons,
Martyrs de la victoire !

— Parmi les traits de patriotisme si nombreux dans les
journées des 28 et 29 juillet, il en est un que je ne vois
consigné nulle part et qui cependant mérite d'être mentionné.
Dans la réunion qui avait eu lieu mardi soir chez M. Cadet=
Gassicourt, dont le zèle et le dévoûment à la chose publique
ne sauraient être trop loués; j'avais été chargé de hâter l'organisation de la garde nationale du quatrième arrondisse=
ment. Ma tâche ne fut pas difficile; mercredi, à dix heures
du matin, une garde nationale nombreuse, en partie habil=
lée, veillait par patrouilles à la défense de l'arrondissement,
et créait partout des barricades. A midi, je fus envoyé à la
réunion centrale où les rédacteurs de tous les journaux
constitutionnels s'étaient donné rendez-vous. J'étais chargé
d'annoncer que notre arrondissement était parfaitement or=
ganisé et n'avait besoin des secours de personne pour sa
défense, et de savoir ce qui se faisait ailleurs dans l'intérêt
de la défense commune.

En revenant, je fus arrêté rue Traînée, au coin de la rue
des Prouvaires, par une vive fusillade : il était entre une et
deux heures. Là je fus témoin du fait suivant : 300 hommes
environ de la garde nationale du 3.e arrondissement s'étaient
engagés vers le milieu de la rue des Prouvaires; en y entrant,
ils reçurent le feu de la troupe de ligne placée au débouché de
cette rue, du côté du carrefour-Saint-Honoré. Les gardes
nationaux firent retraite.

Deux seulement ne suivirent pas ce mouvement de retraite
et se trouvaient seuls dans la rue des Prouvaires. Un second
feu de peloton atteignit l'un des deux et le renversa mort.

L'autre s'abrita dans l'angle d'une porte cochère, puis voulant se remettre en tirailleur au milieu de la rue, reçut une se= conde décharge de peloton de ligne, qui ne l'atteignit pas encore, revint dans l'angle de la porte cochère et fut frappé à la jambe d'une balle qui ricocha de l'angle opposé. La blessure ne fut pas grave. Le patriote déterminé qui fut assez heureux pour échapper à une mort qui paraissait si certaine, est M. Baillemont, père de famille, âgé de 60 ans.

—Si les élèves de l'école de médecine ont une brillante part de gloire à réclamer dans le triomphe de nos armes, ils l'ont achetée bien cher. Parmi les victimes du 28 juillet, on doit distinguer G. Ader, à peine âgé de 24 ans, fils d'un estimable électeur de Bayonne. Il a succombé à l'attaque de la caserne de Babylone que défendaient les Suisses. Sa perte est vi= vement sentie de ses camarades et de toutes les personnes qui connaissaient ce malheureux jeune homme.

— Les jeunes volontaires d'Amiens se sont réunis hier à l'hôtel des Domaines, rue du Bouloy, pour fêter dans un ban= quet patriotique l'heureuse révolution qui vient d'affranchir la France.

Divers toasts ont été portés.

On remarquait parmi cette jeunesse amie de la liberté, M. Gosselin, ex-sous-officier de la cavalerie au 9.e chasseurs, en garnison à Amiens.

Ce jeune homme ayant appris que l'on se battait à Paris pour défendre la charte contre les entreprises coupables du pouvoir s'était immédiatement rendu sur la place publique avec son uniforme, et là, en présence du peuple, il s'était dépouillé des insignes militaires en s'écriant : « *Vive la liberté !* Je ne suis plus que simple citoyen, et c'est pour la défendre.

Toute la jeunesse amienoise, reconnaissante envers M. Gosselin, du bel exemple qu'il a donné dans cette circon= stance, lui a voté ses remerciemens et une éternelle recon= naissance.

— L'article suivant a paru dans l'*Indicateur* de Bordeaux du 5 de ce mois :

« On nous communique le traité suivant, passé à Paris, le 20 juillet 1830, entre M. de Polignac et M. d'Ofalia. Les conditions de cet acte de courtisannerie et d'oppression n'ayant pas été remplies, le secours de trente mille hommes, stipulé en faveur des coups d'état de M. de Polignac, ne sera certainement pas accordé. Nous doutons fort d'ailleurs, vu l'état des esprits dans la Péninsule, que Ferdinand se ha= sardât à perdre trente mille hommes au milieu des popula= tion irritées de la France, qui en auraient bientôt fait justice. Il songera probablement à lui avant de songer aux autres.

« Art. 1.er Le prince de Polignac s'oblige particulièrement à contribuer à élever son fidèle ami le comte d'Ofalia à la dignité de premier ministre d'Espagne et président du conseil des ministres.

« 2. En témoignage des principes que le comte d'Ofalia a manifestés pendant son ambassade, et pour détruire tout soupçon de sa *conduite antérieure*, le prince de Polignac lui garantit la décoration du grand *cordon bleu* de France.

« 3. De son côté, le comte d'Ofalia s'oblige, aussitôt l'exé= cution des articles précédens, à décorer le prince de Polignac de l'ordre insigne de la Toison-d'Or et du titre héréditaire de grand d'Espagne de première classe.

« 4. Le comte d'Ofalia s'oblige aussi à mettre à la disposi- tion du gouvernement du prince de Polignac, et pour l'exé= cution de ses plans politiques, 30,000 hommes de toutes armes commandés par des chefs espagnols, qui recevront la solde dont ils jouissent dans leur pays, du trésor de France, dès qu'il atteindront la frontière.

« 5. Pour faciliter l'exécution de l'art. 4, le prince de Po= lignac interposera son influence pour porter le général Cruz au ministère de la guerre de S. M. C., personne dont le comte d'Ofalia garantira l'opinion, dévoué par conséquent aux or- dres de S. Exc. le prince de Polignac, et disposé à coopérer aux fins que pourrait exiger la haute politique du ministère.

« 6. Le compte d'Ofalia s'oblige également à faire tous ses efforts pour remplacer M. Aguado, banquier actuel du gouvernement espagnol à Paris, par un premier financier de France, de la confiance absolue de M. de Polignac, et dont le génie entreprenant, par son expérience des négocia- tions d'Europe, et ses connaisssances particulières de la situation de la Péninsule, pourra être très-utile dans ces cir- constances, pour la meilleure intelligence des deux gouver= nemens.

» Paris, 20 juillet 1830.

» Pour ampliation. *Signés :* POLIGNAC, OFALIA. »

— Un lieutenant-colonel anglais nommé T. P. Thenpsen a offert trois mois de sa demi-paie d'une année, montant à 50 liv. sterl. 12 schellings (1265 fr.) pour le soulagement des blessés et des familles de ceux qui ont été tués à Paris pendant les journées de juillet. Un autre anglais a envoyé 120 liv. sterl. dans le même but.

— A l'attaque du Louvre, un jeune homme de 18 ans, nommé Bourgeois, de Rocroi (Ardennes), est monté le pre= mier, armé de pistolets non chargés, (il manquait de poudre), et a planté le drapeau tricolore sur la colonade. Bourgeois, poursuivi par cinq Suisses, reçut plusieurs coups de baïon= nettes qui l'ont mis hors d'état de travailler.

— Le comité du commerce des bois de chauffage en chantiers pour l'approvisionnement de Paris a mis à la disposition de M. le préfet de police une somme de 5,000 fr. pour venir au secours des victimes des journées des 27, 28 et 29 juillet.

— La souscription des étudians américains, pour les blessés de Paris, s'élevait le 7, à 4,000 fr. — Une souscription ouverte à Elbeuf, a produit en un seul jour plus 8,000 fr.

— On a ouvert, à Bernay, une souscription destinée au soulagement des familles des braves qui ont péri dans les journées de juillet. Le produit de cette souscription s'est déjà élevé à 2,000 fr.

— M. Bertrand, boulanger, rue de la grande-Truanderie, n.° 15, a remis le 7 au *Constitutionnel* deux *bons* de cent livres de pain chacun, qu'il distribuera à son domicile les dimanches 8 et 15 août.

— Une voiture de l'ambassadeur d'Autriche a été pillée dans les environs de Paris; ce fait est regardé comme un léger avertissement donné à M. de Metternich. Rien ne peut faire revenir le peuple de l'idée que le ministère anglais s'est mêlé de la nomination de Polignac... Plusieurs Anglais Irlandais et Ecossais se sont distingués, en combattant avec le peuple. Charles Laffitte cherche deux Anglais qui, avec lui, un cocher de cabriolet, un boucher et un autre individu de la classe inférieure ont pris une pièce de canon.

—Parmi les étrangers qui ont pris une part active à l'héroïque mouvement, on se plaît à citer un jeune Italien, M. d'Aceto, âgé de 17 ans, qui s'est mis à la tête d'une trentaine de patriotes de tous âges, et s'est trouvé au milieu de tous les dangers à la porte Saint-Martin, à l'hôtel-de-ville, à la rue Saint-Honoré et aux Tuileries.

— Un citoyen, qui avait gagné ses épaulettes de capitaine à Bautzen les a apportées au bureau du *Constitutionnel* pour que le produit en soit versé à la souscription. Il a fait plus; un de mes amis, a-t-il dit, ouvrier comme moi a été blessé, il a accepté les premiers secours que mon amitié lui a offerts; il ne veut plus rien recevoir de moi, quoique je sache bien qu'il est dans le besoin; je vous en prie, faites porter chez lui ces 15 francs, comme s'ils venaient de la souscription. Les vœux de ce véritable ami de l'humanité ont été accomplis.

— M. le général Pépé, si long-temps proscrit par les diverses polices de l'Europe, est arrivé hier soir à Paris. Des passeports lui avaient été refusés par les autorités des Pays-Bas, mais M. le docteur Luzardi, qui revenait en France, a fourni au général les moyens de voyager avec lui et l'a affranchi des entraves qu'on voulait mettre à son voyage.

— Un voyageur a rencontré le 5 août Charles X et sa famille à Tillières, entre Nonancourt et Verneuil. Le cortége qui se dirigeait sur Laigle était ainsi composé : trois pièces d'artillerie, deux compagnies des gardes-des-corps; Charles X et M. le duc d'Angoulême à cheval; dans une voiture qui suivait, se trouvaient Mad. la duchesse d'Angoulême, Mad. la duchesse de Berry, le duc de Bordeaux et Mademoiselle, quelques voitures de suite et les deux autres compagnies des gardes. On marchait au pas et dans le plus profond silence. Dans les villages que l'on traversait, aucun cri ne s'est fait entendre, et la population se découvrait. Des détachemens de la garde royale et des régimens de ligne étaient échelonnés sur la route qui était ainsi tracée : Argenteau, Vire, Carantan Valognes. On croit que Charles X et sa famille devront arriver le 11 au plus tard à Cherbourg.

— Les élèves de l'école polytechnique, de l'école de médecine et de l'école de droit, refusent les croix de la légion-d'honneur, parcequ'un devoir national accompli en commun ne doit pas recevoir une récompense individuelle.

— Par décision du 15 juin dernier, M. de Peyronnet avait retiré aux Portugais réfugiés en France, les secours que le gouvernement leur accordait sur un crédit ouvert à cet effet. Ce crédit n'est point épuisé. Par une décision que vient de prendre, M. Guizot, commissaire provisoire au département de l'intérieur, il a rapporté celle de son prédécesseur, en ordonnant que les secours accordés par la France aux réfugiés portugais leur seront distribués chaque mois, comme par le passé.

— Les vieillards et ceux qui étaient jeunes en 93 s'étonnent de ces trois journées, qui commencent par la provocation d'un ministre, qui finissent par le triomphe d'un peuple. Jamais, disent-ils, ils n'ont vu pareil combat. Les combats les plus acharnés du peuple, dans la révolution de 89, n'ont jamais duré qu'un jour. Après cela qu'est-ce que 89 lui-même suivi de 93, comparé au 27 et au 29 juillet ! là, point de proscrits, points de meurtres, point de pouvoir usurpé, point de temples profanés, et pour célébrer la victoire, des funérailles sans fastes et une croix de bois, vis-à-vis cette colonnade du Louvre dont les Parisiens étaient si fiers, que les Suisses les ont forcés de mutiler, et dont ils seront plus fiers que jamais.

— L'administration des ponts des arts de la cité et du jardin des plantes a consacré aux familles des citoyens tués et blessés dans les journées des 27, 28 et 29 juillet, la recette qui a été faite les samedi et dimanche derniers montant à 2196 fr. 65 c., qui ont été versés à la caisse municipale.

— Il est un fait qui, à lui seul, pourrait caractériser la belle révolution qui vient de délivrer à jamais la patrie d'un joug odieux et humiliant. La Banque gardée par un poste composé en partie de la garde nationale, et en partie de ces hommes, de ces vrais Français, que les aristocrates ont appelés autrefois *la canaille*.

— Le citoyen Charles Gauthier, apprenti ouvrier, demeurant rue Sainte-Avoie, n.° 58, s'est battu aux Tuileries avec le plus grand courage. Vainqueur, il est parvenu un des premiers dans les appartements. Il a trouvé sous des fauteuils, des bijoux, des bracelets d'une grande valeur, et s'est empressé de les remettre aussitôt à la mairie du septième arrondissement. Une aussi belle action ne veut aucun commentaire.

« Stéphanie Pillaud, ouvrière, a également déposé une robe brodée d'un grand prix. Le nommé Levi Abraham, Israélite, demeurant rue des Vieilles-Étuves-Saint-Martin, n.° 9, au premier bruit du canon, s'élance sans armes pour se battre, saisit l'arme d'un lancier, entre le cinquième dans le Louvre, et, après avoir combattu long-temps, rapporte un morceau du drapeau des Suisses. Ce brave homme avant de retourner à ses travaux, a voulu déposer sa lance à la mairie du septième arrondissement. Là, des secours lui ayant été offerts, il les a d'abord refusés, en disant qu'il ne s'était pas battu pour avoir de l'argent. Pressé d'accepter 10 francs, il a enfin consenti à les prendre, en ajoutant : Puisque vous voulez absolument que je les accepte, je les prends, mais sous la condition que je vous les remettrai à l'instant à vous-mêmes, pour que vous en disposiez en faveur des orphelins. »

— Dans la journée du 29, au moment où l'on changeait un poste au château des Tuileries, les gardes relevés refusèrent obtinément de sortir jusqu'à ce qu'on les eût fouillés. Ces braves, qui avaient fait des patrouilles dans le jardin et dans les appartemens des Tuileries, avaient cru s'apercevoir que l'un d'eux avait mis dans sa poche un objet que la nuit les avait empêchés de reconnaître.

Le capitaine du poste refusait de procéder à la recherche réclamée, quand le coupable, repentant, livra lui-même un petit écrin dont il s'était emparé; mais son repentir ne désarma pas ses camarades; ils le firent conduire à la Préfecture de police. Et la plupart des hommes de cette compagnie n'avaient que des chemises en lambeaux !

— La responsabilité des ministres doit être écrite avec le sang qui vient de couler dans Paris. Nous rapportions il y a quinze jours, cette maxime connue que la *constitution d'un peuple n'était imprimée lisiblement que sur peau de ministre*. Cette pensée cruelle, des hommes du 8 août et 26 juillet nous l'ont rendu évidente et nécessaire, il faut aussi une responsabilité relative pour les agens inférieurs du pouvoir.

—On assure que le nouveau roi ne s'appellera ni Louis XIX, ni Philippe VII, mais Louis-Philippe I.er, les préambules des actes émanés de lui doivent porter, au lieu de la phrase qui consacrait le droit divin, ces mots : *Par la volonté nationale, roi constitutionnel des Français.*

Il continuera à habiter son modeste séjour du Palais-Royal. Les Tuileries sont, assure-t-on, destinées à recevoir la chambre des députés et celle des pairs.

— L'ex-roi laisse, assure-t-on, plus de quarante-cinq millions de dettes, le dauphin quatre a cinq millions, la duchesse de Berry six millions.

———

La chambre des pairs, ayant à sa tête M. le baron Pasquier, est venue au Palais Royal présenter au duc d'Orléans son hommage et son adhésion à la déclaration de la chambre des députés.

Discours de la chambre des pairs à S. A. R. Mgr. le duc d'Orléans.

« Monseigneur,

« La chambre des pairs vient présenter à V. A. R. l'acte qui doit assurer nos destinées. Vous avez autrefois défendu les armes à la main nos libertés encore nouvelles et inexpérimentées; aujourd'hui vous allez les consacrer par les institutions et les lois.

» Votre haute raison, vos penchans, le souvenir de votre vie entière nous promettent un roi citoyen ! Vous respecterez nos garanties, qui sont aussi les vôtres. Cette noble famille, que nous voyons autour de vous élevée dans l'amour de la patrie, de la justice et de la vérité, assurera à nos enfans la paisible jouissance de cette charte que vous allez jurer, et les bienfaits d'un gouvernement à la fois stable et libre. »

Réponse du duc d'Orléans à la chambre des pairs.

« Messieurs,

« En me présentant cette déclaration, vous me témoignez
« une confiance qui me touche profondément. Attaché de
« conviction aux principes constitutionnels, je ne désire
« rien tant que la bonne intelligence des deux chambres.
« Je vous remercie de me donner le droit d'y compter.
« Vous m'imposez une grande tâche ; je m'efforcerai de m'en
« montrer digne. »

———

A MONS, CHEZ HOYOIS-DERELY, RUE DES CLERCS N.º 10, et chez les principaux libraires du royaume.

AVÈNEMENT AU TRÔNE
de Sa Majesté Philippe 1.er

Chambre des députés. — SÉANCE ROYALE DU 9 AOUT.

Dès sept heures du matin la foule se pressait aux portes du palais. A dix heures, elle avait envahi toutes les tribunes ; à midi tous les députés étaient présens ; à une heure les pairs ont commencé par occuper les banquettes qui leur étaient destinées à la droite du trône. La tribune du corps diplomatique est presqu'entièrement remplie de dames ; on n'y remarque que quelques chargés d'affaires et un officier-général qui a paru être Anglais.

Le trône est le même que dans la séance d'ouverture ; seulement on a fait disparaître des rideaux de velours pourpre, les fleurs de lys qui le décoraient. Quatre grands rideaux tricolores flottent à droite et à gauche du trône. Trois tabourets de velours rouge sont placés devant ; plus bas, à droite et à gauche, sont placées des banquettes destinées aux ministres provisoires.

La garde nationale fait seule le service du palais.

Deux sièges couverts de soie rose sont placés au centre de l'assemblée sur la dernière banquette, ordinairement occupée par les ministres secrétaires-d'état. Ils sont destinés aux présidens de la chambre des pairs et de la chambre des députés.

A une heure, les huissiers invitent les députés à se rendre dans la salle des conférences pour y tirer au sort la grande députation qui doit aller au-devant du prince lieutenant-général du royaume.

Les commissaires provisoires aux divers départemens de la justice, de l'intérieur, des affaires étrangères, de la guerre, des finances et de l'instruction publique entrent dans la salle. MM. Guizot, Bignon, Louis prennent place sur la banquette à gauche ; MM. Dupont (de l'Eure), comte Gérard, comte Jourdan, de Broglie occupent la banquette de droite.

La tribune destinée à la famille du prince s'ouvre à deux heures un quart, et tous les regards se portent de ce côté. S. A. R. M.me la duchesse d'Orléans entre la première. A sa droite se placent M.elle d'Orléans, le prince de Joinville, le duc de Montpensier ; M.elles de Valois et Beaujolais s'asseoient à sa gauche. La princesse paraît fort émue ; elle salue à plusieurs reprises l'assemblée. Sa mise et celle des jeunes princesses sont de la plus grande simplicité. Elles sont vêtues de robes blanches ; les jeunes princes sont habillés en fracs bleu de ciel.

On apporte sur un riche coussin et on place sur une table à droite du trône les attributs du pouvoir royal, la couronne, le sceptre, l'épée et la main de justice.

Quatre maréchaux de France, MM. les ducs de Tarente, de Trévise, de Reggio et le comte Molitor se placent debout derrière le trône.

A deux heures et demie, les sons d'une musique guerrière arrivent jusqu'à l'assemblée et annoncent le prince. Le plus profond silence s'établit sur tous les bancs.

Les grandes députations rentrent dans la salle ; M. Casimir Perrier, président de la chambre des députés, M. Pasquier, président de la chambre des pairs, occupent les deux sièges qui leur ont été préparés. — L'Etat-major du prince se place à droite et à gauche dans les deux couloirs. — Le duc d'Orléans entre dans la salle suivi de ses deux fils le duc de Chartres et le duc de Nemours et des officiers de sa maison. Le prince lieutenant-général a le même costume que le jour de la session ; le duc de Chartres porte l'uniforme des hussards de Chartres, et

11

le duc de Nemours celui des chasseurs de Nemours. — Le prince et ses deux fils s'assoient sur les trois plians placés à quelques pieds en avant du trône. — Les cris mille fois répétés de *vive le duc d'Orléans ! vive le prince lieutenant-géndral ! vive sa famille !* se font entendre sur tous les bancs. Le public des tribunes mêle sa voix aux acclamations.-

S. A. R. ayant pris séance, Monseigneur a dit aux pairs et aux dé= putés : *Messieurs, asseyez-vous.* — S'adressant ensuite à M. le prési= dent de la chambre des députés, Monseigneur lui a dit : « M. le « président de la chambre des députés, veuillez lire la déclaration de la chambre. » — M. le président en a donné lecture, et l'a portée à S. A. R., qui l'a remise à M. le commissaire provisoire chargé du dé= partement de l'intérieur. — S'adressant également à M. le président de la chambre des Pairs : « M. le président de la chambre des Pairs, « veuillez me remettre l'acte d'adhésion de la chambre des Pairs. » Ce que M. le président a fait; et il a remis l'expédition entre les mains de Monseigneur, qui en a chargé M. le commissaire provisoire au dé= partement de la justice.

Alors Monseigneur a lu son acceptation, ainsi conçue :

« Messieurs les Pairs, Messieurs les Députés,

« J'ai lu avec une grande attention la déclaration de la chambre des « Pairs. J'en ai pesé et médité toutes les expressions.

« J'accepte, sans restriction ni réserve, les clauses et engagemens « que renferme cette déclaration, et le titre de *Roi des Français* « qu'elle me confère, et je suis prêt à en jurer l'observation. »

Ces paroles sont à peine prononcées que les cris de *vive le Roi! vive Philippe 1er!* font retentir les voûtes.

Son Altesse Royale s'est ensuite levée, et, la tête nue, a prêté le ser= ment dont la teneur suit :

« En présence de Dieu, je jure d'observer la charte constitutionnelle, « avec les modifications exprimées dans la déclaration; de ne gouver= « ner que par les lois et selon les lois; de faire rendre bonne et exacte « justice à chacun selon son droit, et d'agir en toutes choses dans la « seule vue de l'intérêt, du bonheur et de la gloire du peuple Français »

Ce serment, prononcé avec l'accent de la plus profonde conviction, est accueilli par de nouvelles acclamations de *vive le Roi! vive Phi= lippe 1er* Les chambres et le peuple se tournent vers la tribune qu'oc= cupe la famille royale, et les cris de *vive la Reine! vive la famille royale* éclatent dans toute la salle, et sont au loin répétés par la foule immense qui se presse autour du palais.

M. le commissaire provisoire au département de la justice a ensuite présenté la plume à S. A. R., qui a signé la charte modifiée et son ser= ment en trois originaux, pour rester déposés aux archives royales, et dans celles de la chambre des Pairs et de la chambre des Députés.

S. M. Louis-Philippe 1er, Roi des Français, s'est alors placé sur le trône où il a été salué par les cris mille fois répétés de *vive le Roi!*

Le silence s'étant établi, S. M. a prononcé le discours suivant :

« Messieurs les Pairs, Messieurs les Députés,

« Je viens de consommer un grand acte. Je sens profondément toute « l'étendue des devoirs qu'il m'impose. J'ai la conscience que je les rem= « plirai. C'est avec pleine conviction que j'ai accepté le pacte d'alliance « qui m'était proposé.

« J'aurais vivement désiré ne jamais occuper le trône auquel le vœu « national vient de m'appeler; mais la France attaquée dans ses libertés « voyait l'ordre public en péril; la violation de la charte avait tout « ébranlé; il fallait rétablir l'action des lois, et c'était aux chambres « qu'il appartenait d'y pourvoir. Vous l'avez fait, Messieurs; les « sages modifications que nous venons de faire à la charte garantissent « la sécurité de l'avenir, et la France, je l'espère, sera heureuse au « dedans, respectée au-dehors, et la paix de l'Europe de plus en plus « affermie. »

De nouvelles acclamations s'élèvent dans toute la salle, et ne cessent que long-temps après le départ du Roi et de la famille royale.

M. le commissaire provisoire au département de la justice a ensuite invité MM. les Pairs et MM. les députés à se retirer dans leurs chambres respectives, où le serment de fidélité au Roi et d'obéissance à la charte constitutionnelle et aux lois du royaume, serait individuellement prêté par chacun d'eux, et la séance a été levée.

Le procès-verbal de cette mémorable séance se termine ainsi : Ainsi fait et dressé le présent procès-verbal, à Paris le 9 |août 1830.

LOUIS-PHILIPPE.

PASQUIER, *prés. de la chambre des Pairs ;*
Marquis DE MORTEMART, duc DE PLAISANCE, comte LAJUINAIS, *Secrét. de la chambre des Pairs ;*
Casimir PERRIER, *Prés. de la chambre des Députés ;*
J. LAFITTE, DUPIN aîné, B. DELESSERT, *vice-prés.*
JACQUEMINOT, L. CUBIN-GRIDAINE, PAVÉE DE VANDEUVRE, JARS, *secrét. de la chambre des députés.*
DUPONT (de l'Eure), *commis. prov. au dépt. de la justice ;*
GUIZOT, *commis. prov. au dépt. de l'intérieur.*

— A la Bourse, deux hommes de la classe ouvrière étaient préposés à la garde des Suisses ainsi que des gardes royaux faits prisonniers, et auxquels on avait généreusement accordé la vie. *Nous n'avons pas mangé depuis onze heures,* disent ces deux ouvriers ; aussitôt M. Darmaing, rédacteur en chef de la *Gazette des Tribunaux*, qui se trouvait là, leur présente une pièce de 5 fr., en leur disant : « Mes amis, « allez manger, je prends votre place, et j'y resterai jusqu'à « votre retour. » Ils semblent hésiter. « Prenez donc, ajoute « le rédacteur, dans un moment comme celui-ci celui qui « en a donne à celui qui n'en a pas. » Les ouvriers acceptent alors, reviennent un quart d'heure après, et rapportent 55 sous, qu'ils rendent à leur remplaçant, en le remerciant.

— Les mêmes hommes ont donné un exemple rare de leur respect pour les arts et les objets historiques. La plupart d'entre eux n'étaient armés que de piques ou de mauvais fusils, quand en fouillant, suivant les ordres qu'ils avaient reçus, dans toutes les armoires pour y chercher les munitions qui pouvaient y être cachées, ils trouvèrent l'épée de Charlemagne ; l'un d'entre eux voulut s'en emparer pour s'en servir comme d'un sabre ordinaire ; mais, sur les représentations de ses camarades, il rendit cette arme, qui fut déposée à l'Hôtel-de-ville. Au reste, la présence de l'épée de Charlemagne aux Tuileries, au moment où Charles X fuyait devant, a mis sur-le-champ dans toutes les bouches ces vers si connus de notre poëte national :

De Charlemagne en vrai luron,
Quand il a ceint le ceinturon,
Il se croit le Dieu des armées.

— Les régimens suisses sont licenciés.

— M. le colonel Fabvier, commandant la place de Paris
et le département de la Seine, est nommé maréchal-de-
camp.

— M. l'évêque de Dijon, qui se distingue par sa tolérance
et ses lumières, et qui à ce titre était tombé dans la disgrâce
du ministère Polignac, vient d'adresser à tous les curés de
son diocèse la circulaire suivante, sous 'la date du 1er août :

« Monsieur le curé, c'est dans les temps difficiles que la
religion brille de son éclat le plus pur. Fille du ciel, douce
et secourable à tous les hommes, elle gémit des troubles et
des agitations de la société humaine, et s'efforce de les cal=
mer en répandant partout, autant qu'il dépend d'elle,
l'esprit d'ordre et de paix qui est son véritable esprit. Que
toutes les paroles qui sortiront de nos bouches soient donc
des paroles de charité; que tout ce que nous dirons tende
au rapprochement des cœurs. Par là nous serons les fidèles
interprètes de la loi sainte, des ministres dignes de la
mission que nous avons à remplir. Je finirai cette lettre,
monsieur le curé, comme les évêques des premiers siècles
de l'église finissaient les leurs : Que la paix de Jésus-
Christ soit avec vous, et avec tous les peuples de ce diocèse !

                    JACQUES, évêque de Dijon. »

— Dans tout le royaume, le nouveau gouvernement est
reconnu sans résistance et le drapeau tricolore est arboré
partout.

Partout aussi l'on ouvre des souscriptions en faveur des
veuves et orphelins des citoyens morts pour la liberté et
pour la patrie dans les dernières journées de juillet.

— Les deux citoyens qui ont arboré le drapeau tricolore
sur le pavillon de l'horloge des Tuileries sont MM. Jean Maës,
imprimeur des ateliers de M. Pinard, et Constant Lambert,
compositeur de l'imprimerie du *Moniteur.* Ils faisaient partie
de la colonne qui, après s'être emparée du Louvre, s'est
portée sur les Tuileries.

— On a déjà remarqué la ressemblance frappante qui existe
entre les événemens qui ont amené la révolution d'Angleterre
en 1688 et ceux qui viennent de renverser le trône de
Charles X; mais un point de ressemblance dont on n'a
point parlé c'est que Jacques II avait un fils dont la légiti=
mité fut contestée comme celle du duc de Bordeaux. A
l'époque de la révolution anglaise, on prétendait à Londres
que ce jeune prince avait été porté dans la chambre à cou=
cher de la reine dans une bassinoire, et que les grands=
officiers de l'état, qui devaient être présens à l'accouche=
ment de la reine, avaient été trompés comme il y a dix ans
on a trompé ceux qui ont assisté aux couches de la duchesse
de Berry.

— Le 5 août un drapeau tricolore a été arboré par les Anglais sur la porte de l'hôtel de l'ambassadeur de France, à Londres. Le chargé d'affaires s'est rendu à la cour en co= carde blanche; il a été hué par le peuple.

— L'orsqu'on a placé le drapeau national sur le palais de la chambre des députés, un ouvrier, indiquant de la main la statue de la Justice : « C'est dans la main de cette statue, s'écria-t-il, qu'il faut le mettre; c'est-là sa place ! »

« *Vive l'égalité!* criait un autre; non l'égalité de fortune, ça n'est pas possible; mais l'égalité devant la loi, la liberté pour tous, voilà ce que nous voulons. »

— M. Guernon-Ranville a été arrêté à Tours, où l'on avait déjà saisi M. de Peyronnet et M. de Chantelauze. On assure que MM. Capelle et de Monbel se trouvent dans la suite de Charles X. Quant à MM. d'Hussez et de Polignac, on prétend qu'ils sont à l'étranger; l'autre a passé en Bel= gique, sans doute pour s'embarquer à Ostende.

— Encore brûlans de l'ardeur qui avait animé les Pari= siens dans la journée du 28, ceux que le feu avait épargnés la veille et que l'obscurité avait chassés du champ de l'hon= neur, se retrouvèrent, sans autre appel que la parole don= née; c'étaient les places publiques. L'Odéon fut celle où je me rendis; peu de temps après nous désarmâmes le poste des vétérans de la chambre des pairs et celui des gendarmes situé rue de Tournon. Ces armes augmentèrent le nombre de nos défenseurs; mais nous manquions de munitions né= cessaires à notre entreprise contre la caserne de Babylone que nous projettions d'attaquer; des bourgeois, voisins de ce lieu de réunion, avaient bien, il est vrai, travaillé toute la nuit à fondre plusieurs milliers de balles, c'était déjà beaucoup, mais l'essentiel nous manquait. La poudre ne pouvait être remplacée par la poussière, comme nous avions plusieurs fois remplacé les balles par des cailloux.

Nous étions déjà plusieurs milliers dans cette pénible attente, lorsque nous vîmes arriver une voiture provenant de la poudrière des Deux-Moulins, courageusement enlevée la veille; on eut une telle ardeur à cette vue, que nous eûmes beaucoup de peine à nous préserver, en repoussant les assaillans, d'une explosion qui devenait inévitable, par l'approche des armes de ceux qui nous suppliaient de leur en donner. Cependant nous parvînmes à calmer momentané= ment cette avidité par la promesse d'une égale répartition. J'en fis conduire un baril, hôtel Corneille, où on avait fondu les balles. Tous les habitans de cette nombreuse maison en firent des cartouches, et mirent en paquet celle pour laquelle ils manquaient de plomb. Des sentinelles furent placées tant pour garantir ce magasin, que pour préserver celui du corps de la garde de l'Odéon et de la rue Voltaire. Pendant qu'on faisait cette utile opération, il nous arriva une pièce de canon, qui fut promptement suivie d'une autre; enfin la distribution des munitions se fit au milieu d'une allégresse qui allait toujours croissant à mesure que nous approchions du moment de nous battre.

. On forma en compagnies cette population devenue tout-à-coup guerrière. Elles étaient composées d'hommes très-bien vêtus, d'ouvriers à peine couverts, de quelques soldats, débris de régimens soumis ou fuyards, de gens même déguenillés; mais cette différence de costume ne faisait pas celle du cœur, les vœux étaient les mêmes, un même but nous appelait, nous rassemblait, la destruction du despotisme. Pour l'obtenir il fallait se battre, partout on était prêt. De toute part on entendait ce mot *partons !* L'effusion était à son comble. Un ancien élève de l'École polytechnique fut unanimement investi du commandement en chef, celui des compagnies f ut confié en grande partie aux courageux élèves de cette belle école, et à quelques bourgeois qui, par leur conduite dans les dernières affaires, ont prouvé la mauvaise application du mot *pekins*, que quelques militaires grossiers leur donnaient il y a peu de temps encore. Dans le nombre de ces derniers je fus pris pour commander la 2.ᵉ compagnie du régiment improvisé : les chefs jurèrent de vaincre ou de mourir, cri qui fut répété par ceux qui voulurent bien se soumettre à nos ordres; on battit la marche, qu'ouvraient les braves pompiers.

Sur notre route le peuple nous recevait avec joie, se mêlait, nous aidait à vaincre les obstacles qu'opposaient les barricades à nos pièces d'artillerie, sans rien de ce qui nous était si nécessaire en cas de retraite, s'il fallait en craindre une. Déjà on nous apprêtait des linges et de la charpie pour ceux à qui le sort serait contraire.

On fit halte rue de Sèvres pour envoyer parlementer avec le commandant de la caserne Babylone. Ne voyant pas revenir nos émissaires, on crut qu'ils avaient été retenus, d'autres furent envoyés; peu de temps après ils reparurent avec les premiers, nous annonçant que l'entêtement helvétique nous forçait à combattre; on n'entendit qu'un cri : *en avant !* On se dirigea de divers côtés pour cerner les issues. Ma compagnie entra par la rue des Brodeurs pendant que d'autres allaient occuper différentes rues*.

* Pendant ce temps notre autorité momentanée ne put empêcher d'enfoncer un couvent qualifié par le peuple de *jésuites*, et qui passait avec juste raison pour renfermer quelques armes. Un couvent de femmes eut le même sort pour forcer les religieuses à jeter par leurs fenêtres les paillasses demandées pour nos blessés. Ce que d'autres offraient sans y être invités nous fut refusé par elles. Leur humanité ordinaire fut un moment oubliée !!!

Arrivés aux coins des rues de Babylone, des Brodeurs et autres, les maisons furent occupées, les murs escaladés, une fusillade s'engagea et fut long-temps nourrie de part et d'autre; mais les Suisses, garantis par des matelas, détruisaient nos braves qui étaient pour la plupart à découvert, et ne pouvaient riposter avec autant d'avantage des toits ou des hangars environnans. Le projet de mettre le feu à la caserne vint tard, mais il fut aussitôt exécuté que conçu; la paille destinée aux blessés fut arrosée d'essence de térébentine et placée devant la porte. L'incendie fut allumé sous la grêle des balles par un jeune homme de 18 ans.

Ce moyen réussit'; la crainte d'être brûlés vifs leur fit prendre la résolution de fuir, ils le firent avec assez d'ordre quoiqu'en courant à toutes jambes et en nous lançant encore quelques balles; mais l'ardeur qu'on mit à les poursuivre en fit tomber sous le feu de nos braves compagnons d'armes. Si le conseil que j'avais donné avant l'engagement avec l'ennemi avait été suivi, nous n'en aurions pas manqué un; quelques centaines d'hommes placés au coin du boulevard, les eussent pris en flanc, et ces troupes fraîches eussent rendu la déroute complète. Mais à quoi me laisse-je entraîner? n'accusons par le hasard d'avoir épargné le sang de gens qui, bien que méprisables pour la vénalité de leurs services, n'en sont pas moins des hommes. Nous avons triomphé : que n'avons nous pu parvenir à ce but si utile par d'autres moyens que par l'effusion de sang toujours à regretter, n'importe d'où il coule ?

Nous nous retirions tout glorieux de cette nouvelle victoire, lorsqu'un courrier volontaire vint augmenter notre allegresse, en nous faisant part de celles que nos frères venaient de remporter au Louvre et aux Tuileries.

(Note communiquée par M. Jules Caron, jeune artiste commandant la 2.ᵉ compagnie.)

— A Paris le public ne laisse plus jouer le quatrième acte de la *Muette de Portici*, dans lequel Mazaniello en délire expie par la mort sa prétendue usurpation. La pièce finit maintenant à la marche triomphale.

HYMNE DES MARSEILLAIS.

ALLONS, enfans de la Patrie,
Le jour de gloire est arrivé,
Contre nous de la tyrannie,
L'étendard sanglant est levé :   *bis.*
Entendez-vous dans les campagnes
Mugir ces feroces soldats?
Ils viennent jusques dans vos bras
Egorger vos fils, vos compagnes;
Aux armes, Citoyens, formez vos bataillons;
Marchons, (*bis*) qu'un sang impur abreuve nos sillon.

Que veut cette horte d'esclaves,
De traitres, de rois conjurés ?
Pour qui ces ignobles entraves,
Ces fers dès long-temps préparés ?   bis.
Français, pour nous, ah ! quel outrage !
Quel transport il doit exciter !
C'est nous qu'on ose méditer
De rendre à l'antique esclavage ;
Aux armes, Citoyens, etc.

Quoi ! des cohortes étrangères
Feraient la loi dans nos foyers ;
Quoi ! des phalanges mercénaires
Terrasseraient nos fiers guerriers,   bis.
Grand Dieu ! par ces mains enchaînées,
Nos fronts sous le joug se ployeraient,
De vils despotes deviendraient
Les maîtres de nos destinées !
Aux armes, Citoyens, etc.

Tremblez tyrans et vous perfides,
L'opprobre de tous les partis ;
Tremblez, vos projets parricides
Vont enfin recevoir leur prix ;   bis.
Tout est soldat pour vous combattre :
S'ils tombent, nos jeunes héros,
La terre en produit de nouveaux,
Contre vous, tous prêts à se battre ;
Aux armes, Citoyens, etc.

Français, en guerriers magnanimes,
Portez ou retenez vos coups ;
Epargnez ces tristes victimes,
A regret s'armant contre nous ;   bis.
Mais les despotes sanguinaires,
Mais les complices de Bouillé,
Tous ces tigres qui sans pitié
Déchirent le sein de leur mère ;
Aux armes, Citoyens, etc.

Amour sacré de la Patrie,
Conduis, soutiens nos bras vengeurs ;
Liberté, Liberté chérie,
Combats avec tes défenseurs ;   bis.
Sous nos drapeaux que la victoire
Accoure à tes mâles accens,
Que tes ennemis expirans
Voient ton triomphe et notre gloire ;
Aux armes, Citoyens, etc.

(Ces paroles sont de ROUGET-DELISLE, [Voir page 54] et la musique est at-
tribuée à GOSSEC, un de nos compatriotes, né à Vergnies [Hainaut]).

A MONS, CHEZ HOYOIS-DERELY, RUE DES CLERCS N.° 10,
et chez les principaux libraires du royaume.

BÉRANGER ET LE 28 JUILLET.

Il y a un an que l'immortel Béranger, étant encore prison=
nier à la Force, en expiation de quelques-uns de ces chants
patriotiques, célébrait l'anniversaire du 14 juillet 1789 par
cette ode, la dernière qu'il ait publiée jusqu'à ce jour. Il est
intéressant de voir combien d'applications l'on peut faire de
ces strophes aux glorieuses journées dans lesquelles Paris
vient de conquérir de nouveau la liberté de la France. Jus=
qu'au trait du *soldat bleu que le peuple applaudit* se retrouve
dans les derniers événemens. On se rappelle l'élève de l'é=
cole polytechnique que l'on porta blessé vers la Maison-de=
Ville et que le peuple saluait respectueusement sur son
passage. Ainsi moyennant quelques variantes l'hymne du 28
juillet 1830 se trouvera fait d'avance dans les œuvres du
Tyrtée français.

Pour un captif souvenir plein de charmes!
J'étais bien jeune, on criait : Vengeons-nous !
A la bataille! aux armes ! vite aux armes!
Marchands, bourgeois, artisans, couraient tous.
Je vois pâlir et mère, et femme, et fille;
Le canon gronde aux rappels du tambour.
Victoire au peuple ! il a pris la Bastille.
Un beau soleil a fêté ce grand jour.

Enfant, vieillard, riche ou pauvre, on s'embrasse.
Les femmes vont redisant mille exploits.'
Héros du siège, un soldat bleu qui passe
Est applaudi des mains et de la voix.
Le nom du roi frappe alors mon oreille;
De Lafayette on parle avec amour.
La France est libre, et ma raison s'éveille.
Un beau soleil a fêté ce grand jour.

Le lendemain, un vieillard docte et grave
Guida nos pas sur d'immenses débris :
« Mon fils, dit-il, ici d'un peuple esclave
« Le despotisme étouffait tous les cris.
« Mais, des captifs pour y plonger la foule,
« Il creusa tant au pied de chaque tour,
« Qu'au premier choc le vieux château s'écroule.
« Un beau soleil a fêté ce grand jour.

« La liberté, rebelle antique et sainte,
« Mon fils, s'armant des fers de nos aïeux,
« A son triomphe appelle en cette enceinte
« L'égalité qui redescend des cieux.
« Entends leur foudre : il gronde, il tue, il brille;
« C'est Mirabeau tonnant contre la cour.
« Sa voix nous crie : Encore une Bastille !
« Un beau soleil a fêté ce grand jour.

12

« Où nous semons chaque peuple moissonne,
« Déjà vingt rois au bruit de nos débuts,
« Portent, tremblans, la main à leur couronne,
« Et leurs sujets de nous parlent tout bas.
« Des droits de l'homme ici l'ère féconde
« S'ouvre, et du globe accomplira le tour.
« Sur ces débris Dieu crée un nouveau monde.
« Un beau soleil a fêté ce beau jour. »

ORDRE DU JOUR.

Hôtel-de-ville, 9 août.

Indépendamment des dix mille francs donnés pour les blessés au général Lafayette par lord Cochrane, sir Francis Burdett, membre du département, lui a envoyé 5,000 fr.

Un premier produit de la souscription générale, ouverte au bureau de la *Westminster-Review*, à Londres, montant à 100 liv. stel., lui a été adressé par M. Bowring et le colonel Thompson.

Les jeunes citoyens des États-Unis, actuellement à Paris pour leurs études, ont fait entre eux une souscription ouverte aux familles des morts et aux blessés dans la glorieuse semaine, et ont porté au général en chef une somme de 2,000 fr., qui a été reçue par la commission provisoire.

Quelques inexactitudes s'étant glissées dans le discours du général Lafayette, nous le donnons ici tel qu'il a été prononcé à la chambre des députés dans la séance du 7 août.

« Lorsque je viens annoncer une opinion contestée par beaucoup d'amis de la liberté, on ne me soupçonne pas d'être entraîné par un sentiment d'effervescence, ou de courtiser une popularité que je ne préférai jamais à mes devoirs. Les sentimens républicains que j'ai manifestés dans tous les temps et devant tous les pouvoirs ne m'ont pas empêché d'être le défenseur dévoué d'un trône constitutionnel.

« C'est ainsi, Messieurs, que, dans la crise actuelle, il nous a paru convenable d'élever un autre trône national, et je dois dire que mon vœu pour le prince dont le choix nous occupe s'est fortifié lorsque je l'ai connu davantage; mais je différerai d'avec beaucoup de vous sur la pairie héréditaire. Disciple de l'école américaine, j'ai toujours pensé que le corps législatif devait être divisé en deux chambres, avec des différences dans leur organisation; cependant je n'ai jamais compris qu'on pût avoir des législateurs et des juges héréditaires. L'aristocratie, Messieurs, est un mauvais ingrédien dans les institutions publiques.

« J'exprime donc aussi fortement que je le puis mon vœu pour l'abolition de la pairie héréditaire, et en même temps je prie mes collègues de ne pas oublier que si j'ai toujours été l'homme de la liberté, je n'ai jamais cessé d'être l'homme de l'ordre public. »

— Une circulaire du directeur des ports, chargé par inté= rim de l'administration de la marine, prescrit aux préfets maritimes de changer les noms de plusieurs bâtimens de guerre qui avaient reçu des désignations incompatibles avec l'état actuel des choses. Ainsi, le vaisseau *le comte d'Artois*, encore sur les chantiers, se nommera désormais *la ville de Paris; le duc de Bordeaux, le Friedland; le Royal Charles, le Jemmapes; le royal Dauphin, le Fleurus;* la frégate *le douze avril* se nommera *la charte.*

Plusieurs autres vaisseaux désarmés reprendront les noms qu'ils avaient avant 1814.

— Le général Lamarque est arrivé à Bordeaux ; il s'est rendu le 6 à la caserne occupée par le 55.e Après avoir ex- primé aux officiers le plaisir qu'il éprouvait à les revoir, il ajouta : *« Je vous félicite sur votre belle conduite; rappellez= vous toujours que vous êtes des soldats chargés de défendre la patrie, et non des bourreaux pour assassiner vos concitoyens. Le dogme de l'obéissance passive ne s'applique qu'à nos devoirs purement militaires ; si l'on vous prescrit d'emporter une place, mourez tous sur la brèche; mais si l'on vous ordonne de violer les lois, d'attenter aux droits des citoyens, brisez vos épées; elles n'ont soif que du sang ennemi ! Malheur, malheur et honte à celui qui répand le sang français ! ! ! »*

Des larmes coulaient des yeux de tous ces braves, qui se sont écriés : *« Général, nous n'oublierons jamais votre discours. »*

— M. le comte Turgot, capitaine aux cuirassiers de la garde royale, petit neveu du célèbre Turgot, a donné sa dé= mission, et refusé absolument tout service, dès le moment où il a appris les ordres sanguinaires donnés à la garde par M. de Polignac.

— On raconte que, dimanche dernier, un curé des envi= rons de Paris entonna vers la fin de l'office, le *Domine salvum fac;* mais, qu'arrivé au *fac,* il s'arrêta tout court : on atten= dait la suite, lorsque, sans s'intimider, il reprit d'une voix mâle, et de toute la force de ses poumons: *Domine salvum fac le gouvernement provisoire.* Cette scène a fini au milieu des éclats de rire de tout l'auditoire.

— M. Corneilliard, ancien élève de l'école polytechnique, avoué à Condom, propose d'élever une colonne de bronze au milieu de la place du Carrousel, et sur laquelle seraient inscrits les noms de tous les citoyens qui ont péri dans les immortelles journées des 27, 28 et 29 juillet, pour la cause sacrée de la liberté. Il envoie cent francs à la souscription.

. — L'arrêté du 3o juillet qui avait ordonné la création des gardes nationales mobiles est rapporté.

— M. Cahous, Propriétaire de l'Hôtel des bains de Meail, criait au peuple dans la journée du 29: « Entrez , entrez, tout est *gratis* , pain, vin , potage, rafraîchissemens; » et lórsque la salle à manger était pleine il sortait avec son fusil et se mêlait aux combattans.

— Le régiment suisse qui a fait le 28 les fusillades du bas de la rue Montmartre, de la rue Ticquetonne et de Mont= orgueil, a brûlé 5,000 cartouches, a tué quatre hommes et en a perdu vingt.

— Le pièce de canon qui était braquée au coin de la rue de Rohan a été enlevée par M. Rossel, fils du restaurateur de ce nom, rue de Rivoli, et M. Richard. Ces deux coura= geux citoyens ont fait prisonniers deux Suisses; et ils ont montré autant de courage pour les sauver de la fureur du peuple qu'ils en avaient montré pour les prendre.

— Parmi les différens traits de courage recueillis par les journaux depuis le 3o juillet, nous n'avons pas vu citer celui de ce chasseur qui, posté avec son fusil à deux coups entre deux cheminées sur le toit d'une maison du boulevard, et vainement pris pour point de mire par une compagnie entière de la garde royale, a tué en vingt coups dix-neuf ennemis. Enfin, il fallut pointer un canon sur les deux cheminées qui l'abritaient, et après plusieurs volées pendant lesquelles son feu ne s'est point ralenti, un boulet l'a enlevé avec une partie du mur qui lui servait de rempart.

— Afin d'ôter, à la Colonne de la place Vendôme les traces de la mutilation dont elle porte l'empreinte depuis 1814, et pour que ce monument de l'héroïsme guerrier des Français puisse se rattacher également à l'héroïsme civique de la nation française, on propose de le surmonter d'une Victoire ailée en bronze et de grandeur colossale; cette fi= gure tiendrait d'une main la palme, et de l'autre deux cou= ronnes, dont une de feuilles de lauriers, offerte aux guerriers en mémoire desquels la colonne de la grande armée fut élevée, et l'autre de feuilles de chêne, offerte aux citoyens dont la valeur a rendu possibles et le rétablissement et la nouvelle consécration de ce beau monument, digne trophée de toutes les gloires nationales.

— Le rassemblement qui s'était formé du côté de Segré, à l'instigation de quelques chouans du ministère Polignac, a été promptement dissipé. Le général Breuilpont, parti d'An= gers, et le général Donnadieu se sont portés sur ce point. Les habitans des campagnes sont rentrés chez eux, et les chefs qui n'ont pas été arrêtés ont pris la fuite ou se sont cachés.

— 25 chefs vendéens se sont réunis dans un vieux château, et, après une longue délibération, ils ont déclaré qu'ils voulaient rester en paix, et qu'ils ne prendraient part à aucune tentative de guerre civile.

— On dit qu'un Alderman et 12 Freemen doivent se rendre à Paris pour apporter les dons des habitans de Londres.

— A l'imitation de Londres, toutes les grandes villes ont ouvert des souscriptions. Oxford et Cambridge ont envoyé au lord-maire des sommes considérables.

— Ouvrard est arrivé à Londres, dit le *Globe and Traveller*, exténué de fatigue. Il avait quitté Paris au moment du combat, craignant que ses manœuvres de bourse, en connivence avec M. de Polignac, n'attirassent sur lui la colère du peuple.

— M. de Polignac est arrivé à Londres. Le duc de Wellington a refusé de le recevoir.

— On vient de mettre en vente à l'hôtel de la monnaie, une médaille en bronze de 22 lignes, destinée à consacrer le souvenir des trois journées.

Elle représente d'un côté, la France pleurant sur un tombeau que la liberté couronne et qui porte cette inscription :

A la mémoire des Français morts pour la liberté les 27, 28 et 29 juillet 1830.

Sur les revers sont inscrits ces quatre vers de M. Casimir Delavigne :

> France dis-moi leurs noms : je n'en vois point paraître
> Sur ce funèbre monument ?
> — Ils ont vaincu si promptement
> Que j'étais libre avant de les connaître !

M. Caqué, auteur de la médaille, en destine le produit au soulagement des blessés, des veuves et des orphelins.

— M. Laneau, négociant à Houdainville (Meuse), ayant servi dans un des corps de cavalerie de l'ex-garde impériale, à peine arrivé à Paris pour les affaires de son commerce, n'a pas hésité à se mêler aux défenseurs de la cause nationale. Après avoir pris part aux glorieux combats de la semaine il s'est employé avec une incroyable activité à rendre la victoire profitable même aux vaincus. Samedi, il a ramené du pont de Sèvres six pièces de canon, et de Saint-Cloud 564 hommes, gardes royaux et Suisses. Dimanche, il a ramené de Versailles à Vaugirard, et ensuite à l'Ecole Militaire, 280 hommes de différens corps.

— Deux ouvriers se sont emparés, lors de la prise des Tuileries, d'un portefeuille contenant un million en billets de banque. Ils ont rapporté le portefeuille sans en rien soustraire, et n'ont pas même voulu donner leurs noms.

— Dans la journée de mercredi, au milieu des citoyens
embusqués derrière les rues S^t.-Germain-l'Auxerrois, de la
Sonnerie et du Veau-qui-Tette, se trouvait un jeune homme
des faubourgs, porteur d'un bon fusil, dont il ne savait pas
se servir; un vétéran de l'ancienne armée le prie de lui
prêter son arme, pour quelques instans; il s'embusque derrière la borne du café Secrétain; tout-à-coup une colonne
de Suisses débouche sur la place du Châtelet; notre brave
fait feu, un Suisse tombe, toute la colonne tire sur lui, alors
il se retranche derrière la maison, recharge son arme, revient derrière la borne et tire son second coup, avec autant
de bonheur que le premier. Malgré la grêle de balles que
l'on fait pleuvoir sur eux, les autres habitans armés, au
nombre d'environ 50, en font autant. La colonne suisse fait
demi-tour et se replie en désordre, laissant la place couverte
des siens. Le brave dont nous venons de parler est M.
Guyot, ancien directeur des hôpitaux militaires, rue du
Ponceau, n.° 17.

— Parmi les victimes de l'horrible massacre du 28, on
compte le brave Nicoud, marchand de papiers peints, tué
par les Suisses d'un coup de feu, sous les yeux de sa femme,
au moment où il repoussait une injuste agression. Il laisse
une jeune veuve et un enfant en bas âge.

— Un homme qui avait tué un enfant a été fusillé par le
peuple sur le pont Marie.

— Le sieur Pierron, ex-sous-officier de l'ancien 5.e régiment de hussards, natif de Verdun (Meuse), courtier en
vins, rue Saint-Antoine, n.° 44, a attaqué, à la tête d'une
quinzaine de citoyens, un bataillon du 1.er régiment de la
garde royale, a fait mettre bas les armes à une compagnie
dont le capitaine lui a rendu son épée. Un général de la
garde, s'apercevant de ce mouvement, s'avance, ordonne au
reste du bataillon de faire feu sur le peuple, fait saisir le
sieur Pierron, et commande de le fusiller à l'instant même.
Les citoyens font alors une décharge, et délivrent l'ex-sous-
officier. Ce trait est attesté par M. Louis Roland, marchand
de vins, rue Geoffroy-l'Asnier, n.° 27, et M. Baudoux, commissaire de roulage, rue Saint-Antoine, n.° 27.

— Pour combattre avec plus de succès les Suisses caser-
nés rue de Babylone, le peuple fut obligé de s'emparer et
de traverser, le 28 juillet, la maison rue des Brodeurs, n.° 2,
dont le jardin n'est séparé de la caserne que par un mur
d'appui. Les habitans, effrayés à l'approche de l'attaque,
laissèrent en fuyant les meubles et un service en vermeil
épars sur les tables. De retour, leur surprise fut grande en
retrouvant intacte l'argenterie qu'ils n'avaient point eu le
temps d'enfermer, ni d'emporter avec eux.

— On a trouvé à la poste une liste des pairs qui devaient être éliminés de la chambre. Ils étaient au nombre de 43. Non-seulement ils devaient cesser de faire partie de la pairie; mais ils devaient être mis en jugement.

— Lors de la prise des Tuileries, un citoyen brisa d'un coup de crosse le buste de Charles X; un autre se préparait à faire voler en éclats le buste de Louis XVIII; mille bras s'élancèrent au-devant du coup. « Arrêtez, s'écria-t-on, c'est le père de la Charte... » Et alors on jeta sur l'image de Louis XVIII un voile noir, comme pour dérober à ses yeux les suites funestes de la conduite de son successeur, parjure à la Charte.

J'ai vu dans la rue Saint-Honoré, dit M. Darmaing, rédacteur en chef de la Gazette des Tribunaux, une femme de trente à trente-cinq ans, frappée d'une balle au milieu du front, tomber morte à dix pas de moi. Un garçon boulanger, les bras et les jambes nus, homme d'une stature colossale et d'une force herculéenne, saisit aussitôt ce cadavre, et, le tenant au-dessus de sa tête, le transporte jusques sur la place des Victoires en criant *Vengeance!* Là, après l'avoir étendu par terre devant lui, et au pied de la statue de Louis XIV, il harangue la multitude dont il était entouré, avec une énergie qui faisait vibrer toutes les ames. Puis, ramassant de nouveau le cadavre, il l'emporte vers le corps-de-garde de la Banque qui est tout près de la place des Victoires, et, à peine arrivé devant les soldats rassemblés sur la porte, il leur lance ce cadavre tout sanglant à la tête, en disant : « Tenez, voilà comme vos camarades arrangent nos fem-« mes !... En ferez-vous autant ? » — « Non, » répond un de ces militaires, en lui serrant la main; « mais venez donc « avec des armes ! » Tous les autres soldats avaient la pâleur sur le visage, et de grosses larmes roulaient dans les yeux de l'officier. Quelques instans plus tard, comme on se plaignait à un officier, en lui montrant des citoyens tués par la garde royale, on l'a entendu dire d'une voix concentrée : « *Tuez-* « *moi, tuez-moi; la mort est préférable à une position aussi* « *horrible que la nôtre !* »

— Une troupe nombreuse de citoyens armés s'est transportée aux prisons; là leur chef a déclaré aux geôliers qu'il ne venait pas délivrer les criminels, mais qu'il les sommait de lui rendre tous les hommes qui ont été arrêtés dans la première journée de notre grand mouvement national. Les geôliers se sont empressés d'obéir, et les dernières victimes de M. Mangin se sont jointes à leurs libérateurs.

— M. le cardinal de Matil est arrivé le 6 à Boulogne sur mer. Il s'est embarqué le lendemain pour l'Angleterre, à bord du bateau à vapeur la *Salamandre*.

— La garde nationale de Paris nomme des députations pour se rendre au Havre, à Rouen, et autres villes dont les habitans sont accourus au premier bruit des dangers que courait la liberté, et pour aller à Londres remercier les habitans de cette grande ville, et la nation anglaise, de la sympathie qu'ils ont témoignée à la France dans la lutte qu'elle a soutenue contre les ennemis de la civilisation.

— 250 hommes du 6°.régiment de chasseurs à cheval, en garnison à Rocroy, se sont mis en route sous la conduite d'un maréchal-des-logis, pour se rendre à Paris, aussitôt qu'ils ont eu connaissance des événemens de juillet. Ces soldats-citoyens ont traversé 60 lieues de pays, aux acclamations de tous les habitans qui les ont logés et nourris. Ce n'est qu'après avoir été convaincus du triomphe de la liberté, et sur un ordre spécial du ministre de la guerre, qu'ils ont consenti à retrograder.

— Aux dernières affaires de Paris, un artiste du théâtre de l'*Opéra-Comique* armé d'un sabre et d'un fusil à deux coups, substituant *Louis XVIII* à *Charles Quint*, chanta avec ame le couplet suivant qui se trouve dans l'opéra de *Mazaniello*:

> Louis XVIII, monarque sage
> Fit pour nous de plus douces lois,
> Réclamons donc, c'est rendre hommage,
> Aux vertus du meilleur des rois!

Ici il fut interrompu par les cris mille fois répétés de *vive la liberté !* Puis reprenant :

> « Je marche à votre tête,
> Je m'expose pour vous
> Aux coups de la tempête
> Qui doit nous sauver tous,
> Comme un autre Moïse,
> Quand même je devrais
> Dans la terre promise
> Ne pénétrer jamais!!...
> Je marche à votre tête,
> Je m'expose pour vous!....
>
> Dieu de bonté
> Rendez-nous la liberté!!

Il est impossible de décrire l'effet que produisit ce chant sur cette masse qui s'élança au combat précédé de ce digne patriote.

Après, les cris de *vive la liberté* furent encore répétés avec enthousiasme, mais ce n'était plus de vains mots..... *Ils étaient libres.*

A MONS, CHEZ HOYOIS-DERELY, RUE DES CLERCS N.° 10, et chez les principaux libraires du royaume.

ILLÉGITIMITÉ
DU DUC DE BORDEAUX.

Les propositions que M. le duc de Mortemart est venu faire à la chambre des pairs en faveur du duc de Bordeaux vont ramener l'attention sur une question qui pourra être enfin examinée et discutée librement. Nous nous bornerons à publier la première pièce insérée dans les journaux anglais du temps; elle n'a jamais paru en France; sa publication est tout à fait opportune, elle complette les rapprochemens qu'on a faits jusqu'ici entre la famille des Stuarts et celle des Capets.

Voici la teneur de ce document, intitulé : *Protestation du Duc d'Orléans*, et rendu public à Londres en novembre 1820 :

« S. A. R. déclare par les présentes qu'il proteste formellement contre le procès-verbal daté du 29 septembre dernier, lequel acte prétend établir que l'enfant nommé HENRI CHARLES FERDINAND DIEUDONNE est le fils légitime de S. A. R. Madame, duchesse de Berry.

« Le duc d'Orléans produira en temps et lieu les témoins qui peuvent faire connaître l'origine de l'enfant et sa mère. Il produira toutes les preuves nécessaires pour rendre manifeste que la duchesse de Berry n'a jamais été enceinte depuis la mort infortunée de son époux, et il signalera les auteurs de la machination dont cette très-faible princesse a été l'instrument.

« En attendant qu'il arrive un moment favorable pour dévoiler toute cette intrigue, le duc d'Orléans ne peut s'empêcher d'appeler toute la scène fantastique qui, d'après le susdit procès-verbal, a été jouée au pavillon de Marsan.

« Le *Journal de Paris*, que tout le monde sait être un journal confidentiel, annonça le 20 août dernier le prochain accouchement dans les termes suivans :

« Des personnes qui ont l'honneur d'approcher la princesse, nous assurent que l'accouchement de S. A. R. n'aura lieu que du 20 au 28 septembre. »

« Lorsque le 28 septembre arriva, que se passa-t-il dans les appartemens de la duchesse?

« Dans la nuit du 28 au 29, à deux heures du matin, toute la maison était couchée et les lumières éteintes. A deux heures et demie la princesse appela; mais la dame de Vatbaire, sa première femme de chambre, était endormie; la dame Lemoine, sa garde, était absente, et le sieur Deneux, l'accoucheur, était déshabillé.

« Alors la scène changea. La dame Bourgeois alluma une chandelle et toutes les personnes qui arrivèrent dans la chambre de la duchesse virent un enfant qui n'était pas encore détaché du sein de la mère.

« Mais comment cet enfant était-il placé ?

» Le médecin Baron déclare qu'il vit l'enfant placé sur sa mère, et non encore détaché d'elle.

« Le chirurgien Bougon déclare que l'enfant était placé sur sa mère, et encore attaché par le cordon ombilical.

« Ces deux praticiens savent combien il est important de ne pas expliquer plus particulièrement comment l'enfant était placé sur sa mère.

« M.ᵐᵉ la duchesse de Reggio a fait la déclaration suivante : «

« Je fus informée sur-le-champ que S. A. R. ressentait les douleurs
« de l'enfantement. J'accourus auprès d'elle à l'instant même, et en
« entrant dans la chambre, je vis l'enfant sur le lit, et non encore dé=
« taché de sa mère. »

« Ainsi, l'enfant était sur le lit, la duchesse dans le lit, et le cordon
ombilical introduit sous la couverture.

« Remarquez ce qu'observa le sieur Deneux, accoucheur, qui, à deux
heures et demie, fut averti que la duchesse ressentait les douleurs de
l'enfantement, qui accourut sur-le-champ auprès d'elle sans prendre le
temps de s'habiller entièrement, qui la trouva dans son lit et entendit
l'enfant crier.

« Remarquez ce que dit M.ᵐᵉ de Goulard qui, à deux heures et demie
fut informée que la duchesse ressentait les douleurs de l'enfantement,
qui vint sur le champ et entendit les premiers cris de l'enfant.

« Remarquez ce que vit le sieur Franque, garde-du-corps de Mon=
sieur, qui était en faction à la porte de S. A. R., et qui fut la première
personne informée de l'événement par une dame qui le pria d'entrer.

« Remarquez ce que vit le sieur Lainé, garde national, qui était en
faction à la porte du pavillon de Marsan, qui fut invité par une dame
à monter, monta, fut introduit dans la chambre de la princesse, où il
n'y avait que le sieur Deneux et une autre personne de la maison, et
qui au moment où il entra observa que la pendule marquait 2 heures
35 minutes.

« Remarquez ce que vit le médecin Baron, qui arriva à 2 heures 35
minutes, et le chirurgien Bougon qui arriva quelques instans après le
sieur Baron.

« Remarquez ce que vit le maréchal Suchet, qui était logé par ordre
du roi au pavillon de Flore, et qui, au premier avis que S. A. R. res=
sentait les douleurs de l'enfantement, se rendit en toute hâte à son
appartement, mais n'arriva qu'à deux heures quarante-cinq minutes et
qui fut appelé pour assister à la section du cordon ombilical quel=
ques minutes après.

« Remarquez ce qui doit avoir été vu par le maréchal de Coigny,
qui était logé aux Tuileries par ordre du roi, qui fut appelé lorsque
S. A. R. était délivrée ; qui se rendit en hâte à son appartement,
mais qui n'arriva qu'un moment après que la section du cordon avait
eu lieu.

« Remarquez enfin ce qui fut vu par toutes les personnes qui furent
introduites après deux heures et demie jusqu'au moment de la section
du cordon ombilical, qui eut lieu quelques minutes après deux heures
trois-quarts.

« Mais où étaient donc les parents de la princesse pendant cette
scène qui dura au moins vingt minutes ? Pourquoi, durant un si long
espace de temps, affectèrent-ils de l'abandonner aux mains des per=
sonnes étrangères, de sentinelles et de militaires de tous les rangs ? Cet
abandon affecté n'est-il pas précisément la preuve la plus complète
d'une fraude grossière et manifeste ? N'est-il pas évident qu'après avoir
arrangé la pièce, ils se retirèrent à deux heures et demie, et que,
placés dans un appartement voisin, ils attendirent le moment d'en=
trer en scène et de jouer les rôles qu'ils s'étaient assignés ?

« Et, en effet, vit-on jamais lorsqu'une femme de quelque classe que
ce soit, était sur le point d'accoucher, que, pendant la nuit, les lu=
mières fussent éteintes ; que les femmes placées auprès d'elle fussent
endormies ; que celle qui était plus spécialement chargée de la soigner
s'éloignât ; que son accoucheur fût déshabillé, et que sa famille habi=
tant sous le même toit demeurât plus de vingt minutes sans donner
signe de vie.

« S. A. R. le duc d'Orléans est convaincu que la nation française et
tous les souverains de l'Europe, sentiront toutes les conséquences dan-

gereuses d'une fraude si audacieuse et si contraire aux principes de la monarchie héréditaire et légitime.

« Déjà la France et l'Europe ont été victimes de l'usurpation de Bonaparte. Certainement une nouvelle usurpation de la part d'un prétendu Henri V ramènerait les mêmes malheurs sur la France et sur l'Europe.

« Fait à Paris, le 30 septembre 1820. »

— On cite un trait remarquable de courage de M. Gravel, traiteur, rue de Grenelle-Saint-Honoré, n.° 22. Il était à table avec vingt personnes, il en sort spontanément, s'élance sur son fusil, le charge en présence de sa femme et de ses jeunes enfans, en pleurs autour de lui : «La patrie m'appelle, répond-il, si je meurs la Providence vous aidera. » Il avait déjà tué six gardes royaux, lorsqu'une balle lui traverse les reins; il s'appuie sur la muraille, recharge son fusil et meurt.

— Le 51, sur le pont de Sèvres, M. Fillias, ancien officier, est parvenu, par son intrépidité, à faire rendre, sans effusion de sang, un détachement de 60 hommes du 3.° régiment de la garde, ainsi qu'un caisson, une pièce de 8, et les artilleurs qui en faisaient le service. Le 29, cet officier avait déjà fait mettre bas les armes à 50 hommes du 1.er régiment de la garde, à la caserne de la rue Verte.

— Le lieutenant-général a écrit, dit-on, au roi d'Angleterre pour lui demander les restes du prisonnier de Saint-Hélène. Ils seront placés sous la base de la colonne Vendôme. C'est une belle idée que de commencer un règne national en rendant hommage à la plus grande gloire dont la nation puisse se vanter. L'Angleterre, qui s'associe si généreusement à la victoire du 28 juillet, ne pourra nous refuser les os de Napoléon. Leur place est au milieu de nous. Une terre étrangère ne doit plus les couvrir; aujourd'hui que tous les proscrits retrouvent en France une patrie, les ossemens de Sainte-Hélène y doivent trouver un tombeau.

— L'arrestation de MM. Peyronnet, Chantelauze et Guernon-Ranville n'est due qu'à l'activité, au zèle infatigable de la garde nationale de Tours et d'une réunion de citoyens qui s'établit en permanence à l'hôtel-de-ville pour questionner les voyageurs suspects et vérifier leurs passeports. Le jésuitisme de plusieurs membres de l'ancien conseil municipal, en excitant des défiances, fit prendre cette mesure salutaire. Sans elle, M. Guernon-Ranville serait passé inaperçu; il se disait domestique de Chantelauze, affectait de mal parler français, et, dans un morceau qu'on lui pria d'écrire, il fit quantité de fautes d'orthographe. On allait lui donner la liberté, lorsqu'un voyageur arrivé par la diligence, dit qu'il connaissait bien tous les ministres. On l'a introduit auprès du prétendu domestique, qui a été reconnu pour être l'ex-ministre de l'instruction publique.

— Un arrêté du maire de Metz rétablit les noms de *pont d'Iéna*, de places de *Friedland* et d'*Austerlitz*, qui avaient été remplacés par des noms de saints. La rue des *Antonisces* a repris celui de *rue de la Grande Armée*.

— Un soldat de la garde royale est frappé d'une balle ; il tombe : j'étais pourtant, dit-il, un bon Français. Quelle révélation que cette parole ! Combien de soldats aussi qui n'ont pu parler, et qui, trompés par l'idée fausse d'une consigne despotique, et mettant l'honneur là où il n'était pas, sont morts bons faute de savoir qu'il fallait se réunir aux défenseurs de la liberté pour se montrer en effet un véritable enfant de la France.

— Dans la glorieuse journée du 29 juillet, un garde-royal a jeté son fusil et son uniforme ; il les foulait aux pieds en fondant en larmes ; le malheureux, en tirant sur le peuple, venait de tuer son père !!

— Nous devons dire avec chagrin que la gendarmerie a montré contre le peuple un acharnement bien coupable. Ainsi, quand la garde nationale s'est présentée pour prendre la porte de la préfecture de police, elle a opposé une résistance insensée, et elle a tué des gens inoffensifs placés de l'autre côté de la rivière.

— L'affaire qui a eu lieu dans la rue Montmartre était les suites d'une attaque qui a été commandée par le maréchal Marmont en personne ; pendant une partie de la journée la place des Victoires était occupée par quelques troupes, parmi lesquelles on remarquait une partie d'un régiment de ligne, qui a fraternisé pendant long-temps avec la garde nationale, établie aux Petits-Pères. Vers deux heures, le maréchal Marmont est arrivé sur la place à la tête des nouvelles troupes. Il les a placées en regard des rues du Mail, des Fossés-Montmartre, Croix-des-Petits-Champs, et rue Neuve-des-Petits-Champs ; il a immédiatement ordonné une charge ; il y a eu, de part et d'autre, plusieurs blessés ou tués. Le maréchal dirigeait les troupes qui ont débouché dans la rue du Mail et qui ont parcouru sans beaucoup d'opposition une partie de la rue Montmartre ; mais arrivés jusqu'à la rue Joquelet, la résistance opiniâtre des citoyens qui tiraient des fenêtres ont mis les troupes et le maréchal en fuite.

— Rue de la Monnaie, un peloton de troupes de ligne avait couché le peuple en joue, lorsqu'un soldat est tombé en défaillance en reconnaissant son frère dans le groupe qu'on ajustait. Ce militaire a quitté les rangs pour se jeter dans ses bras, et s'est retiré avec lui en maudissant l'exécrable pouvoir qu'on lui ordonnait de défendre.

— Dans une des rues adjacentes à la grande rue du Fau=
bourg-Saint-Honoré, un officier de la garde, commandant
un détachement nombreux, faisait faire des feux de peloton
sur toutes les personnes qui apparaissaient vers l'extrémité
de la rue. Des femmes et des vieillards, tombés sous les
balles royales, gisaient sur le pavé, et l'atroce officier, pre=
nant à peine le soin de se détourner pour ne pas fouler aux
pieds ces déplorables victimes, regardait aux fenêtres et
souriait aux femmes que l'intérêt puissant de ces tragiques
scènes engageait à s'y montrer. Un coup de fusil parti d'une
croisée a puni de mort ce meurtrier insolent.

— Un Grec, Baptiste Pecota, s'est fait remarquer dans
les glorieuses journées du 28 et du 29. Ce brave homme a
défendu avec le plus grand courage l'hôtel du Nord, place
Saint-Germain-l'Auxerrois. C'est lui le premier qui a arboré
le drapeau tricolore sur l'église.

— Le 29, lorsque les troupes de la garde royale à pied
commencèrent leur mouvement de retraite sur Neuilly, et
que les habitans en furent informés, ceux-ci, en moins
d'une demi-heure, établirent les barricades sur le pont et
en avant avec des arbres abattus, des poutres et autres bois
ramassés de tous côtés, afin d'en intercepter le passage. La
garde fit tirer les canons sur ces barrières improvisées pour
les rompre et rentrer à Courbevoye; mais le feu des tirail=
leurs de Neuilly, placés en embuscade, les força de renon=
cer à ce projet et de se diriger, par le chemin de la Révolte,
pour regagner Saint-Denis d'où elles furent encore repous=
sées, et ont dû prendre une autre direction pour rejoindre
les autres troupes royales. On voit que la force morale et la
force physique repoussent également les instrumens du
despotisme. Toutes les communes environnantes étaient en
armes et occupaient les hauteurs, notamment celle du
Calvaire.

— L'honorable maire de Montrouge, M. Armand Leuil=
lier, en tête de la garde nationale de sa commune, a conduit
au quartier général de l'Hôtel-de-Ville, le 50.e de ligne qui
s'était rendu à lui. Les soldats de ce régiment sont entrés
avec leurs armes et ont traversé Paris aux cris de *Vive la
Charte! vive la Liberté!* La population parisienne a répondu
à ces acclamations par celles de *Vive la ligne! vive le 50.e!*
L'émotion de ces soldats est difficile à décrire : la plupart
sont des enfans de Paris. L'un d'eux avait été appelé d'une
fenêtre par sa sœur qui l'avait reconnu au milieu des batail=
lons qui chargeaient dans la rue Saint-Antoine; il avait vu
la maison de son père horriblement criblée de balles et de
boulets! Un autre, ancien ouvrier du port, a déchargé ce
matin son fusil; sa première cartouche y était encore. Tous

déploraient l'infâme attentat auquel Charles X avait voulu
les associer.

— Voici un passage extrait d'une lettre de Paul-Louis
Courier, imprimée en 1822 :

« J'aime le duc d'Orléans, parce qu'étant né prince, il
daigne être honnête homme. Il ne m'a rien promis ; mais, le
cas avenant, je me fierais à lui, et, l'accord fait, je pense
qu'il le tiendrait sans fraude, sans en délibérer avec des
gentilshommes, ni consulter les jésuites. Voici ce qui me
donne de lui cette opinion : il est de notre temps, de ce
siècle, non de l'autre ; ayant peu vu ce qu'on nomme ancien
régime. Il a fait la guerre avec nous, d'où vient qu'il n'a pas
peur des sous-officiers ; et depuis, émigré malgré lui, jamais
il ne fit la guerre contre nous, sachant trop ce qu'il devait à
la terre natale, et qu'on ne peut avoir raison contre son
pays. Il sait cela, et d'autres choses qui ne s'apprennent
guère dans le rang où il est. Son bonheur a voulu qu'il
en ait pu descendre, et, jeune, vivre comme nous. De prince,
il s'est fait homme. En France, il combattait nos communs
ennemis ; hors de France, il a travaillé pour vivre. De lui
n'a pu se dire le mot, *Rien oublié, ni rien appris*. Les étrangers l'ont vu s'instruire, et non mendier. Il n'a point prié
Pitt ni supplié Cobourg de ravager nos champs, de brûler
nos villages, pour venger les châteaux. De retour, il n'a point
fondé des messes, des séminaires, ni doté des couvens à nos
dépens ; mais, sage dans sa vie, dans ses mœurs, il a donné
un exemple qui prêchait mieux que les missionnaires. Bref,
c'est un homme de bien. Je voudrais, quant à moi, que tous
les princes lui ressemblassent ; aucun d'eux n'y perdrait, et
nous y gagnerions. S'il gouvernait, il ajusterait bien des
choses, non-seulement par la sagesse qui peut être en lui,
mais par une vertu non moins considérable et trop peu célébrée. C'est son économie, qualité si l'on veut bourgeoise,
que la cour abhorre dans un prince, mais pour nous si pré-
cieuse, pour nous administrer si belle, si.... comment dirai-
je ? divine, qu'avec elle je le tiendrais quitte quasi de toutes
les autres.

« Lorsque j'en parle ainsi, ce n'est pas que je le connaisse
plus que vous, ni peut-être autant, ne l'ayant même jamais
vu. Je ne sais que ce qui s'en dit ; mais le public n'est point
sot, et peut juger les princes, car ils vivent en public. Ce
n'est pas non plus que je sois son partisan, n'ayant jamais
été du parti de personne. Je ne suivrai pas un homme, ne
cherchant pas fortune dans les révolutions, contre-révolu-
tions, qui se font au profit de quelques-uns. Né dans le
peuple, j'y suis resté par choix, et, quand il faudra opter, je
serai du parti du peuple, des paysans comme moi. »

— Le 15ᵉ régiment d'infanterie légère revient à Paris. Il avait opéré sa retraite sur Rambouillet et était arrivé aux maisons de cette ville lorsque la garde royale a tiré sur lui. Ce régiment, aux ordres de M. le colonel Perregaux, neveu de l'ancien sénateur de ce nom, avait tiré une seule fois sur le peuple et perdu 2 capitaines, 2 lieutenans tués et avait eu un chef de bataillon et deux sous-lieutenans blessés. On assure que le chef de ce corps a quitté son commandement pour suivre le roi, et qu'un grand nombre de sous-officiers et soldats l'avaient abandonné dans sa marche sur Rambouillet, pour rentrer dans Paris, déguisés en charretiers.

— Les dépêches de l'amiral Duperré publiées dans le *Moniteur* du 11 août ne sont pas tout-à-fait entières. Il y perce déjà beaucoup d'humeur contre M. de Bourmont, on nous assure que l'original est beaucoup plus explicite, et qu'il donne sur le pillage commis par le général de l'armée de terre et les siens, des détails qui pourraient motiver l'arrestation de M. de Bourmont, qui, assure-t-on, est d'ailleurs ordonnée, pour le compte à rendre de sa conduite.

On assure aussi qu'à Toulon et à Marseille, on a déjà mis la main sur des valeurs considérables, arrivées dans ces ports sans nom de réclamateurs, et qu'on croit avoir été expédiées pour le compte particulier du général en chef.

— La cour de l'ex-roi était le 9 août à Argentan; des mesures avaient été prises pour accélérer la marche un peu trop lente du cortège. Les gardes nationales de Falaise et de Vire, qui, à quelques démonstrations, ont cru comprendre l'intention de cette lenteur, se sont mises en mouvement pour déterminer la prompte sortie du territoire de Charles X et de sa famille.

— On n'a pas encore de nouvelles positives de M. de Polignac. Ses amis font courir le bruit qu'il est parvenu à se rendre en Italie, non pour s'y cacher, mais pour se présenter à Rome en sa qualité de prince romain. Des bruits répandus par les journaux le font arriver en Angleterre; mais il est bien possible qu'aucune de ces deux versions ne soit exacte, et que ce personnage n'ait pas encore quitté la France.

— La *Gazette Universelle d'Augsbourg* contient sur les événemens de Paris une lettre particulière qui rapporte cette phrase populaire: « Louis XVI était sans tête; Louis XVIII sans jambes, et Charles X sans cœur. »

— La résistance à la force armée a été tellement unanime que dans la rue du Faubourg-Poissonnière, qui est en partie occupée par les bâtimens de l'intendance du mobilier de la couronne, des barricades élevées spontanément ont été faites par les grandes voitures sur lesquelles quelques jours auparavant on avait transporté à Notre-Dame les décors et banquettes nécessaires à la célébration du dernier *Te Deum* chanté sur l'invitation de Charles X.

. — M. Siffel, bottier, passage du Saumon, qui avait été arrêté pour avoir pris une part trop active dans les troubles qui ont accompagné l'expulsion de M. Manuel, s'est battu avec un grand courage pendant les journées des 27 et 28 juillet. Il a entr'autres contribué à désarmer dix hommes de la garde royale, qu'il a empêché ensuite d'être massacrés.

— On assure qu'au moment où la garde royale se battait contre nos braves dans la journée du 28, l'ex-ministre Polignac fit demander une entrevue à l'ambassadeur anglais. Ce dernier lui fit dire que s'il n'était que simple particulier, il accéderait volontiers à sa demande, mais qu'en sa qualité d'ambassadeur il devait craindre que le peuple français ne vît dans une entrevue avec le prince, dans ce moment critique, la connivence de l'Angleterre aux dernières mesures du ministère français; qu'en conséquence il refusait de le voir.

— Le nombre total des tués et blessés pendant les journées libératrices des 27, 28 et 29 juillet est de sept à huit mille, tant du côté des citoyens de Paris que de celui de de l'armée royale. Comme on se battait de fort près, à demi portée et même à quart de portée de fusil, les blessures sont généralement très-graves, et, contre l'ordinaire de toutes les batailles, le nombre des morts est supérieur à celui des blessés. Le sang de huit mille Français a donc noyé les droits de la branche aînée des Bourbons, et leur nom même se trouve en quelque sorte englouti dans cette effroyable hécatombe.

— Le 29 juillet, M. Géraud-Mayer, serrurier, s'est précipité avec la plus grande intrépidité sur une pièce de canon aux Tuileries, en a coupé les traits, et, après un combat très vif soutenu contre les canonniers, a fini par s'en emparer, et l'a conduite en triomphe à la bourse, accompagné d'autres braves.

C'est ce même Géraud-Mayer, qui, le jour de la dernière revue de la garde nationale, au champ-de-Mars (avril 1827), fit entendre à plusieurs fois le cri de : *A bas les ministres! à bas les jésuites!* L'ex-roi, pâle, décoloré, le fit sortir des rangs et renvoyer du champ-de-Mars.

A MONS, CHEZ HOIOIS-DEBELI, RUE DES CLERCS N.° 10,
et chez les principaux libraires du royaume.

CHAMBRE DES PAIRS.

Dans sa séance du 12, après une courte discussion, la chambre a adopté le projet d'une adresse au Roi, conçu en ces termes :

« Sire,

« Vos fidèles sujets les pairs de France, encore pénétrés des grands événemens qui viennent de s'accomplir, se présentent devant votre majesté pour la remercier de son dévoûment à la France. Une voix unanime proclame que votre avènement au trône pouvait seul assurer le bonheur public ; ces libertés si héroïquement défendues, c'est sous votre règne seulement que nous en pourrons jouir en paix. Etre indispensable à un grand peuple qui reconnaît librement et avec calme cette nécessité, quel titre royal fut jamais plus noble . et plus vrai ! La providence eut-elle jamais un langage plus manifeste !

« Ce contrat que vous avez passé avec la France, ce serment prononcé par la raison et par l'honneur, sont des engagemens dignes à la fois et du prince qui les prend et de la nation qui les reçoit.

« Nos sermens aussi n'ont pas été dictés par un enthousiasme imprévoyant ou un sentiment aveugle. Nous vous jurons fidélité, avec la conviction profonde que nous remplissons un devoir sacré envers la patrie.

« Maintenant qu'il est accompli . cet acte solennel, la France va rentrer dans le cours régulier de l'existence légale. C'est pour défendre ses lois qu'elle a posé de nouvelles garanties. La paix au-dedans et au-dehors, l'ordre public, le libre développement des facultés et des industries, tel a été le but de ses efforts, tel doit être le prix de sa victoire,.

« Ses efforts, plus d'une fois heureux pour le bien public, se sont trop souvent bornés à empêcher ou à atténuer le mal. Aujourd'hui une plus belle carrière est ouverte devant elle. Votre Majesté n'a pas une autre pensée que le bonheur de la France, ce sera le principe d'une inaltérable union entre le roi et les chambres. »

—————

— Désormais les séances de la chambre des pairs seront publiques comme celles de la chambre des députés ; mais la salle des délibérations de MM. les pairs n'ayant pas été disposée dans l'origine pour recevoir le public, un petit nombre de personnes sera admis aux séances.

Des changemens notables devront être opérés dans la salle pour donner aux délibérations toute publicité possible ; mais ils ne pourront être faits que pendant l'absence des chambres.

.14

— La rue d'Artois a pris le nom de la rue Lafitte. On sait que l'hôtel de l'honorable député y est situé.

— C'est la classe des artisans, des ouvriers, c'est le peuple enfin qui a sauvé Paris, qui a sauvé la France. Les noms de ces hommes doivent être proclamés; ils n'ont pour eux qu'un jour de gloire, il faut le leur conserver; ils seront peut-être demain ce qu'ils étaient il y a dix jours. Charles Deruet, peintre sur porcelaine, demeurant faubourg Saint-Denis, n.° 56, est un de ces hommes qui se sont distingués dans les journées des 28 et 29 juillet. Le 28 au matin, Deruet fit décharger une voiture de pierre meulière en travers de la Porte Saint-Denis, la fusillade commençait sur tous les points; il était sans armes; d'une pierre il renversa un lancier, s'empara de son sabre et de ses dépêches qui furent brûlées; aussitôt Deruet est proclamé chef par une vingtaine d'hommes qu'il avait électrisés. Armés de bâtons, et conduit par lui, ils s'emparent successivement des postes de Bonnes-Nouvelles, Monconseil, du marché des Innocens, et arrivent au Châtelet. Ils descendent à la Grève, avec les fusils qu'ils ont pris. Deruet ne cessa de faire le coup de fusil à la Grève et sur les quais. Repoussé par la garde, il revint par la rue des Arcis sur les boulevards, où il fit feu tout le reste de la journée et la nuit. Le 29, il se rendit à l'attaque du château avec les élèves de l'école polytechnique; dès qu'on en fut maître, il revint par la rue Saint-Honoré, et il ne déposa les armes qu'après avoir délogé la garde des maisons qu'elle occupait. Le nom de Charles Deruet doit être proclamé.

— Une cantate faite par un jeune littérateur, M. Adolphe Blanc, musique de M. Vogel, a été chantée deux jours de suite sur le théâtre des Nouveautés, par Chollet.
Elle a obtenu un succès d'enthousiasme. Le public a redemandé deux couplets qu'il a voulu entendre debout, la tête découverte et les acteurs à genoux.

— Le traitement des ministres doit être réduit, dit-on, à 80,000 fr., et celui du préfet de la Seine à 50,000.

— On assure que le lieutenant-général du royaume n'a pas attendu d'être placé sur le trône pour demander au gouvernement napolitain la réintégration de Galotti en Corse.

— Les deux actes d'abdication de Charles X et du duc d'Angoulême ont été transcrits sur les registres d'état-civil de la famille royale. Ils n'ont pu l'être aux cases destinées aux naissances ou aux mariages, et on les a placés à celles qui étaient préparées pour les inscriptions des actes de décès.

— Mille bruits divers couraient à Paris; de toutes parts on demandait un chef; le peuple qui a tout fait, il faut le proclamer hautement, se battait sur tous les points; il était devenu assaillant, et, malgré le nombre des braves qui tombaient à chaque instant dans ses rangs, il sentait redoubler son ardeur et son courage; mais il lui fallait une direction, un général à sa tête. On en parle à M. Evariste Dumoulin, et on lui dit : Le brave général Du Bourg est là, chez lui, rue de Monsigny, qui brûle du désir de verser encore son sang pour la patrie; on lui demande d'accepter un commandement, un grand nombre de citoyens, la plupart en costume de gardes nationaux, et tous armés, le pressent vainement; également modeste et dévoué, il craint de prendre le commandement qui lui est offert.

M. Evariste Dumoulin court chez le général Dubourg, et le détermine à recevoir l'honneur qu'on veut lui faire. J'arrive à l'instant de la campagne, dit le général, et je n'ai pas ici mon uniforme.—Dans un moment vous allez en avoir un; au bout d'un quart d'heure il l'avait. Marchons, ajoute-t-il et allons attendre un chef digne de la nation

Le cortége, grossissant à chaque pas se rend sur la place de la Bourse; là le général Dubourg prononce une courte harangue, et on part pour l'Hôtel-de-Ville. De minute en minute s'accroît la foule qui le suivait; nombre d'officiers s'y réunissent. Arrivé sur la place de Grève, où une détonnation de joie se fait entendre, on trouve le palais fermé; on n'a pas de peine à en faire ouvrir les portes. Le général Dubourg en prend possession, et M. Evariste Dumoulin se rend immédiatement dans la rue d'Artois pour informer de cet événement MM. les députés réunis chez M. Laffitte. On lui annonce que l'honorable général Lafayette vient d'être proclamé à l'unanimité commandant général des forces nationales.

Le général Lafayette part à l'instant, au milieu des plus nombreuses et des plus vives acclamations, la garde nationale et une foule immense l'accompagne; il se rend à l'Hôtel-de-Ville où il est installé. En quelles mains plus dignes auraient pu être confiées les destinées de la patrie?

—Un des incidens les plus remarquables de la journée du 29 historique est sans contredit la réunion du 5e régiment de ligne tout entier à la force nationale. Depuis une heure, ce régiment tiraillait contre 500 citoyens armés; mais à la faiblesse de ses décharges et à la direction de ses coups, il était facile de voir qu'il ne tirait que malgré lui. Il était arrivé vis-à-vis la rue de Richelieu, où il se trouvait en face d'une de ces barricades imposantes, formées des arbres mêmes de boulevard, et improvisées par l'ardeur patriotique de la population parisienne; il était pressé de toutes parts par le peuple qui lui criaient : « *Vous*, Soldats français, tirer

« contre des Français ! » Tout-à-coup, les 300 citoyens
armés se précipitent au milieu de leurs pelotons, et le fusil
en joie, les exhortent à se réunir à eux en criant : *Vive la
France ! Vive la liberté !*

Au même instant un officier supérieur à cheval (on ne
sait si c'est le colonel), tombe percé d'une balle, et, par un
mouvement aussi prompt que sympatique, les soldats tirent
leurs fusils en l'air et s'écrient : *Nous sommes à vous !* On se
félicite, on s'embrasse, on se promet de combattre ensemble
pour la patrie, si jamais l'étranger osait la menacer.

Mais bientôt à cette détermination succède une détermina=
tion non moins décisive. Il est convenu qu'une partie des
officiers va prêter entre les mains de M. Laffite serment de
fidélité au gouvernement provisoire. Cette détermination est
exécutée, et aussitôt les deux régimens et leurs officiers, tam=
bour battant, entourés du peuple, baïonnettes dans le four=
reau, et le bout de leurs canons orné de feuillages, se rendent
à l'Hôtel-de-Ville, où ils se joignent aux 50,000 hommes, ran=
gés autour du général Lafayette nommé par le gouvernement
provisoire commandant en chef des gardes nationales : ces
braves ont juré qu'ils se battraient, s'il en était besoin, jus=
qu'à la dernière goutte de leur sang, et en passant devant la
porte Saint-Denis, ils ont salué d'une décharge de mous=
queterie ce glorieux drapeau tricolore, qui flotte en ce mo=
ment dans toute la capitale.

— Le 29 à dix heures du matin, les citoyens des quartiers
Saint-Jacques, Saint-Germain, de l'Odéon, Sainte-Valère,
du Gros-Caillou, animés depuis quatre heures par le tocsin
de toutes les églises, les cris unanimes de *vive la Charte !* et
la haine si juste qu'ils portaient aux ministres tombés, sont
descendus en armes. Leurs masses comportaient de cinq à
six mille hommes. Ils avaient à combattre deux régimens de
la garde royale postés dans les cours du Louvre et dans le
jardin de l'Infante, trois détachemens nombreux de lanciers,
de cuirassiers et de grenadiers à pied, occupant le Carrousel,
et enfin une réserve d'artillerie considérable établie dans
l'intérieur du jardin des Tuileries. L'attaque a commencé
par le jardin de l'Infante. La garde royale a laissé approcher
à une très-petite distance les premiers assaillans, et là, le
combat a fini presqu'aussitôt qu'il était commencé, par la
mort de tous ceux qui formaient le premier rang. Presqu'à
l'instant de nouveaux assaillans se sont généreusement dé=
voués, et ont fait reculer les défenseurs de ce poste impor=
tant. Au milieu d'un feu roulant qui continuait toujours les
grilles de fer ont été brisées. Cette manœuvre, qui devait plus
tard nous rendre maîtres des Tuileries, a commencé par un
enlèvement de poste qui aurait fait honneur aux plus vieux
soldats.

Cependant la résistance s'établissait sur les autres points avec autant d'acharnement. C'était le pavillon de Flore, et les agresseurs, qui se sont immédiatement présentés sur ce deuxième point d'attaque, étaient arrêtés par l'indignation d'un fait tout récent : on avait tiré du château dès sept heures du matin, sur un grand rassemblement de femmes, dont plusieurs ont payé de leur vie la curiosité qui les avait attirées au Pont-Royal. Les coups de fusil partaient sans interruption des appartemens de la Duchesse d'Angoulême. Aussi dès que le pavillon de Flore a été pris, les meubles ont été jetés par les fenêtres, et des milliers de papiers, parmi lesquels étaient de nombreuses proclamations adressées aux troupes pour les exciter contre les citoyens. Deux fois les Tuileries ont été prises et abandonnées ; mais à une heure et demie, la dernière victoire du peuple a été complète, et deux drapeaux tricolores flottaient sur le pavillon du centre.

Nous avons parlé de quelques meubles brisés, c'est l'unique excès qui ait été commis. Les armes seules ont été prises partout où on les a trouvées, et le seul trophée que les vainqueurs montraient avec orgueil en rentrant dans leurs foyers était une riche épée qu'on disait être l'épée du duc de Raguse.

ENERGIE DE LA POPULATION PARISIENNE.

Un peuple laborieux et soumis aux lois est arraché à la paix dont il jouissait. Parce qu'il était calme, on l'a cru capable de tout souffrir. Sept ministres ont osé traiter la France comme on traite l'Espagne et le Portugal.

Le sentiment du danger commun a réuni toutes les opinions, toutes les classes des citoyens. Le peuple s'est levé pour la défense de ses droits indignement méconnus ; l'enthousiasme a suppléé à l'organisation ; chaque citoyen est devenu soldat pour défendre ce qu'il a de plus cher au monde, sa liberté, son honneur, sa dignité de citoyen.

Aucun crime n'a épouvanté les ministres ; ils n'ont pas reculé devant la guerre civile. Ils sont satisfaits ; le sang français a coulé versé par des mains françaises. Mais leur joie sera courte. Des régimens ont fait feu sur le peuple ; d'autres ont montré une noble sympathie pour le sentiment national qui anime la population parisienne. Tous se souviendront bientôt qu'ils sont citoyens comme nous, que ce sont leurs droits autant que les nôtres que nous défendons.

C'est la première fois peut-être qu'on voit une capitale dans une crise semblable abandonnée à elle-même, sans autorités et sans magistrats. Cela seul eut suffi pour donner le signal à cette milice citoyenne qu'on a toujours vu armée pour le maintien de l'ordre et des lois. Une foule de citoyens honorables ont repris leurs anciens uniformes. Ils

traversaient les rues aux acclamations des habitans, des
enfans accourus sur leur passage. Presque tous les rassem=
blemens se formaient aux cris de *vive la Charte!*

La lutte sanglante engagée contre les nouveaux Mazarins
ne peut plus se terminer par leur triomphe. Beaucoup de
malheurs peuvent encore arriver; un mot suffirait pour y
mettre un terme ou pour les prévenir. Ce mot, rien n'annonce
qu'on veuille le prononcer. Mais quoiqu'il arrive, il est déjà
évident que le régime qu'on a voulu établir par les ordon=
nances du 25 juillet est impossible en France. Ce régime est
reprouvé, maudit, exécré par la nation ; il retombera sur ses
auteurs.

— Il est certain dit le *Globe*, que c'est M. Chantelauze qui
a rédigé le rapport sur lequel ont été basées les ordonnances
Polignac. M. Cantelauze est une créature de M. le dauphin.

— On assure que les ordonnances du coup d'état ont été
publiées surtout à cause des révélations faites par les incen=
diaires du Calvados; on s'est hâté d'imposer silence pour
qu'on ne pût faire connaître ces révélations.

— Il ne reste pas dans tout Paris, une seule enseigne ar=
moriée, aux devantures des boutiques. Les propriétaires se
sont empressés d'en faire eux-mêmes le sacrifice.

— MM. Leclerc et Beauvais, capitaines d'infanterie se
sont présentés pour verser à la caisse municipale 1062 fr.
65 c., produit d'une souscription ouverte à Ferté-Bernard.

— Le syndicat des receveurs généraux des finances a fait
verser une somme de 12,000 fr. au profit des blessés, veuves,
et orphélins des journées des 27, 28 et 29 juillet.

— La ferme de l'odieuse entreprise des jeux se paie par
mois et d'avance; cette dernière circonstance était ignorée
de la commission municipale de Paris ; et, le 31 juillet, elle
a fait inviter la ferme des jeux à verser, suivant son contrat,
à la caisse de la ville, le montant du mois échu. Le cais=
sier des jeux, en offrant un douzième du prix de ferme, a
représenté que la somme à verser concernait le mois d'août,
et qu'en l'admettant dans les caisses municipales, la com=
mission contractait l'engagement tacite de faire rouvrir les
maisons de jeu. Très éloignée de vouloir prendre aucun en=
gagement de cette nature, la commission a refusé le verse=
ment.

— Dès qu'on a su dans le duché de Bade le renversement
de la famille des Bourbons, des ordres ont été donnés pour
couper la communication du pont de Kelh. On ne doit voir
au reste dans cette mesure qu'un moyen de précaution.

— Les drapeaux et boutons d'habits de la garde natio=
nale porteront pour inscription les mots : *Liberté, Ordre pu=
blic*, et le cimier des drapeaux sera le coq gaulois.

— La somme de 1912 f. , montant d'une collecte faite en=
tre les clercs de 109 études d'avoués de première instance,
a été versée à la caisse municipale le 7 août courant, pour
venir au secours des victimes des 27, 28 et 29 juillet.

— MM. Horson, avocat, et Sensier, ancien notaire, vien=
nent d'être ·nommés, pour le deuxième arrondissement,
membre de la commission chargée de constater les traits
notables de courage et d'humanité qui ont eu lieu dans les
journées des 27, 28 et 29 juillet dernier.

LE CHANT DU DEPART.

HYMNE DE GUERRE.

UN REPRÉSENTANT DU PEUPLE.

La victoire, en chantant, nous ouvre la barrière;
　　La liberté guide nos pas;
Et du nord au midi, la trompette guerrière
　　A sonné l'heure des combats.
　　Tremblez, ennemis de la France,
　　Rois ivres de sang et d'orgueil !
　　Le peuple souverain s'avance;
　　Tyrans, descendez au cercueil.
　　La république nous appelle;
　　Sachons vaincre, ou sachons périr :
　　Un Français doit vivre pour elle :
　　Pour elle, un Français doit mourir.

CHANT DES GUERRIERS.

　　La république, etc.

UNE MÈRE DE FAMILLE.

De nos yeux maternels ne craignez point les larmes;
　　Loin de nous de lâches douleurs !
Nous devons triompher, quand vous prenez les armes;
　　C'est aux rois à verser des pleurs.
　　Nous vous avons donné la vie;
　　Guerriers, elle n'est plus à vous :
　　Tous vos jours sont à la patrie;
　　Elle est votre mère avant nous.

CHOEUR DES MÈRES DE FAMILLE.

　　La république, etc

DEUX VIEILLARDS.

Que le fer paternel arme la main des braves;
　　Songez à nous aux champs de Mars :
Consacrez dans le sang des rois et des esclaves
　　Le fer beni par vos vieillards;
　　Et rapportant sous la chaumière
　　Des blessures et des vertus,
　　Venez fermer notre paupière,
　　Quand les tyrans ne seront plus.

CHOEUR DES VIEILLARDS.

　　La république, etc.

UN ENFANT.

De Barra, de Viala, le sort nous fait envie ;
    Ils sont morts, mais ils ont vaincu ;
Le lâche accablé d'ans n'a point connu la vie :
    Qui meurt pour le peuple a vécu.
    Vous êtes vaillans , nous le sommes :
    Guidez-nous contre les tyrans :
    Les républicains sont des hommes ;
    Les esclaves sont des enfans.

CHOEUR DES ENFANS.

La république, etc.

UNE ÉPOUSE.

Partez, vaillans époux, les combats sont vos fêtes ;
    Partez , modèles des guerriers ;
Nous cueillerons des fleurs pour en ceindre vos têtes ;
    Nos mains tresseront vos lauriers.
    Et si le temple de memoire
    S'ouvrait à vos mânes vainqueurs,
    Nos voix chanteront votre gloire,
    Et nos flancs portent vos vengeurs.

CHOEUR DES ÉPOUSES.

La république, etc.

UNE JEUNE FILLE.

Et nous, sœurs des héros, nous qui de l'hyménée
    Ignorons les aimables nœuds,
Si pour s'unir un jour à notre destinée,
    Les citoyens forment des vœux,
    Qu'ils reviennent dans nos murailles,
    Beaux de gloire et de liberté,
    Et que leur sang, dans les batailles,
    Ait coulé pour l'égalité.

CHOEUR DES JEUNES FILLES.

La république, etc.

TROIS GUERRIERS.

Sur le fer, devant Dieu, nous jurons à nos pères,
    A nos epouses, à nos sœurs,
A nos representans, à nos fils, à nos mères,
    D'anéantir les oppresseurs.
    En tous lieux, dans la nuit profonde
    Plongeant l'infame royauté,
    Les Français donneront au monde,
    Et la paix et la liberté.

CHOEUR GÉNÉRAL.

La république, etc.

A MONS, CHEZ HOYOIS-DERELY, RUE DES CLERCS N.° 10,
- et chez les principaux libraires du royaume.

ÉLÈVES DE L'ÉCOLE POLYTECHNIQUE.

Un des élèves de cette immortelle école que l'on avait vu dans les journées des 28 et 29, se porter en avant dans tous les lieux où le danger était le plus imminent, avait été chargé le 1.er août par le lieutenant-général Gérard, d'une mission très-importante dans le Midi de la France. Pour ses frais de route il lui fut remis une somme de 1,200 fr. dont il ne devait aucun compte, ainsi que cela a toujours lieu pour de semblables missions. Les ordres dont il était porteur ont été exécutés avec la plus remarquable intelligence, et, à son retour à Paris, la première démarche du jeune élève a été de rapporter au ministère de la guerre la somme de 701 fr. qui lui restaient, ses dépenses et frais de postes payés, déclarant que ce ne serait pas au moment où les besoins sont si nombreux qu'il consentirait à recevoir, même à titre de gratification, une somme qui paraît être le prix de son dévoûment à la patrie.

— On ne parle en ce moment à Paris, (14 août) que de bruits alarmans parvenus à Toulon par la correspondance d'Alger, du 31 juillet. En voici quelques passages :

Le 28 juillet, deux soldats sont morts empoisonnés par le café que leur ont fait prendre les Algériens. Dans le même instant une troupe de révoltés attaquait la porte Bab-Azoun. 19 de nos soldats y ont été massacrés. Nos troupes ont pris les armes et ont cerné les rebelles. Un d'eux, par la crainte de la mort, a fait d'importantes révélations. Il a dit qu'une conspiration se tramait depuis quelque temps et devait bientôt éclater; que 60,000 Bédouins de l'intérieur étaient attendus de jour en jour aux portes d'Alger; que pendant qu'on leur tiendrait tête les Maures et les Arabes de la ville devaient s'armer pour égorger les Français. On a vérifié la sincérité de ses révélations. Un dépôt d'armes a été découvert chez un habitant; on prétend y avoir trouvé 10,000 pistolets destinés à ces nouvelles vêpres siciliennes.

Le 29, dès le matin, on a exécuté une quarantaine de révoltés. Pour intimider le peuple et empêcher une autre sédition, on avait tourné sur la ville plusieurs des pièces de la batterie supérieure du Môle, où est le phare, et qui sont ordinairement dirigées vers la mer.

Le général en chef a donné l'ordre de faire refluer sur la ville toutes les petites garnisons éparses dans les forts peu éloignés, et pour la sûreté desquelles on pouvait craindre. La garnison de la presqu'île de Sidi el Feratch, composée en grande partie de marins, est de ce nombre. On a démoli le fort, abattu les retranchemens et les fortifications, enlevé les chevaux de frise et abandonné tous les bagages. Il était

15

question de faire sauter la tour dite Torre-Chica; cependant, après avoir considéré qu'elle était utile à la reconnaissance des vaisseaux en mer, on est convenu de la laisser debout.

Le 17.e régiment de ligne, qui occupait un fort sur le bord de la mer, à quatre lieues à l'est de la ville, a été attaqué par un parti de 1,800 à 2,000 Bédouins. Après quelques instans ¦ le combat, le régiment s'est vu forcé de battre en retraite, et de regagner Alger.

On attend toujours l'attaque des 60,000 Bédouins. Une colonne mobile de dix mille hommes circule sur les hauteurs pour les recevoir. Si cet état de choses continue, on ne sait ce que deviendra l'expédition. L'armée a déjà perdu 8 à 9000 hommes tués ou blessés. La discenterie continue à faire des progrès parmi les troupes de terre et de mer. Plus de la moitié de l'équipage du vaisseau amiral l'*Alger* en est atteint à des degrés plus ou moins forts. Le moment approche où la marine ne pourra être d'aucune utilité à l'armée de terre par l'impossibilité de tenir le mouillage.

ORDONNANCES DU ROI.

— Les anciens sceaux de l'état sont supprimés.

A l'avenir, le sceau de l'état représentera les *armes d'Orléans*, surmontées de la couronne fermée, avec le sceptre et la main de la justice en sautoir et des drapeaux tricolores derrière l'écusson, et pour exergue, *Louis-Philippe I*er, *roi des Français*.

Les princes et princesses continueront à porter le nom et les armes *d'Orléans*.

Le duc de Chartres prendra le titre de duc d'Orléans.

Les fils puînés conserveront les titres qu'ils ont portés jusqu'à ce jour.

— Nous avons ordonné et ordonnons ce qui suit :

La décoration de la légion-d'honneur continuera de porter d'un côté, l'effigie de notre aïeul Henri IV, de glorieuse mémoire, avec son nom pour exergue, et de l'autre côté, dans l'intérieur du médaillon, la devise : *Honneur et patrie*.

— Considérant que la marine n'a pas de grade correspondant à celui de maréchal dans l'armée de terre.

Art 1.er Il est créé au corps royal de la marine trois places d'*amiraux*.

2. Le grade d'*amiral* sera assimilé en tous points à celui de maréchal de France.

Est élevé au grade d'amiral M. le vice-amiral Duperré.

— Sont élevés à la dignité de pairs de France.

M. le maréchal Soult, duc de Dalmatie, et M. l'amiral Duperré.

— Jusqu'à présent, les présidens, procureurs-généraux, préfets, etc., prêtaient serment dans les mains du roi, en se mettant à genou. Sur la proposition de M. Dupont de l'Eure, le roi a décidé aujourd'hui que désormais le serment serait prêté debout. C'est dans cette forme que M. le premier président Séguier l'a prêté. Il a aussi été décidé que les ministres ne prendraient plus les titres de monseigneur ni d'excellence.

Noms des pairs dont la nomination faite par Charles X a été annulée.

Du 5 décembre 1814.

MM. le comte de Villèle, archevêque de Bourges; le comte de Chabons, évêque d'Amiens; le comte Salmon du Châtellier, évêque d'Évreux.

Du 18 janvier 1826.

Le comte de Grammont d'Aste.

Du 5 novembre 1826.

Le comte de Chéverus, archevêque de Bordeaux.

Du 5 novembre 1827.

Le comte de Montblanc, archevêque de Tours; le comte de Brault, archevêque d'Alby; le comte Morel de Mons, archevêque d'Avignon; le comte de Pins, archevêque d'Amasie; le comte de Divonne; le comte de Sainte-Aldegonde; le marquis de Monteynard; le comte Eugène de Vogué; le comte de Montuejouls; le marquis de Mirepoix-Levis; le comte de Panisse; le marquis Rioult de Neuville; le marquis de Conflans; le comte de Bonneval Douillée; le marquis de Mac-Mahon; le baron de Grosbois; le comte de Kergariou; le vicomte Chiflet; le comte d'Urre; le marquis de Radepont; le comte de la Fruglaye; le comte Budes de Guébriant; le marquis de Calvière; le vicomte de Castelbajac; le duc d'Esclignac; le baron Sarret de Coussergues; le comte de la Vieuville; le marquis de Lancosme; le comte Ruzé d'Effiat; le comte de Quinsonas; le marquis de Froissard; le marquis de Courtarvel; le comte Humbert de Sesmaisons; le marquis de Colbert; le marquis Aimar de Dampierre; le comte de Bernis; le marquis de Civrac; le comte de Kergorlay; le comte de Tocqueville; le vicomte de Sainte-Maure; le marquis de Bailly; le prince de Hohenlohe-Bartenstein; le comte d'Inécourt; le comte Dubotderu; le comte d'Hoffelize; le comte de Choiseul; le prince d'Arenberg; le comte de Caraman; le baron de Frenilly; le prince duc de Berghes; le marquis de Tramecourt; le comte de Bouillé; le comte Demoré de Pontgibaud, le comte d'Andlau; le marquis d'Albon; le marquis de Saint-Mauris; le marquis

de Beaurepaire; le marquis de Lévis; le comte de la Bouil=
lerie ; M. Ollivier; le comte de la Panouze ; le prince de
Montmorency; le comte Hocquart de Turtot; le comte de
Maquillé; le prince de Croï Solre; le comte de Rougé ; le
maréchal duc de Dalmatie; le marquis de Gourgue; le mar=
quis Forbin des Issarts; le vicomte de Causans ; M. de Spi=
naud ; le marquis Desmoustiers de Merinville; le comte de
Lur-Saluces; le comte de Suzannet; le comte de Nansouty.

Du 4 janvier 1828.

Le comte de Villèle; le comte de Peyronnet; le comte de
Corbière.

Du 24 janvier 1829.

Le cardinal duc d'Isoard, archevêque d'Auch; le comte-
Feutrier, évêque de Beauvais.

Du 10 août 1829.

M. Ravez.

Du 27 janvier 1830.

Le duc de Cereste; le marquis de Tourzel; le marquis de
Labourdonnaye; le baron de Vitrolles; le comte Beugnot; le
général Vallée.

Du 14 juillet 1830.

Le vice-amiral Duperré.

— Une lettre de Valogne du 12 août contient les détails
suivans : l'ex-roi arrive aujourd'hui à Valogne par Carentan.
La garde nationale à pied et à cheval et les pompiers de
Cherbourg, 4 pièces d'artillerie, le 6.e régiment d'infanterie
légère et le 64.e de ligne se portent à sa rencontre pour
remplacer bon gré malgré, disent-ils, son escorte afin de
conduire eux-mêmes Charles à bord des navires américains
qui l'attendent en rade à Cherbourg. Ainsi cessent toutes les
craintes que quelques personnes timides avaient que l'ex-roi
prolongeât son séjour dans un des forts de cette place. C'est
M. Buchâtel jeune, négociant à Cherbourg, qui le premier
et malgré les forces de l'autorité, arbora le drapeau trico=
lore sur l'hôtel de la mairie.

P. S. les pompiers, la garde nationale de Valognes, mu=
sique en tête, sont tous armés de fusils; les habitans des
campagnes arrivent en même temps en masse.

— Le général Lafayette s'est rendu à l'Hôtel-Dieu pour y
voir les citoyens blessés dans les mémorables journées de
juillet. Le libérateur de l'Amérique a voulu rendre cet hommage aux libérateurs de la France.

En s'arrêtant au lit des malades, le général leur demandait
à tous leurs noms, s'informait de leur état, voulait voir et
touchait quelquefois avec respect de leurs blessures. Il adres=
sait à chacun quelques-unes de ces paroles qui retentissent

au fond des cœurs, qui honorent la bravoure et récompensent le patriotisme.

On lui a montré cet enfant qui fut blessé à la cuisse et au bras en plantant le drapeau tricolore au Louvre : « Vous avez commencé, lui a dit le général, comme finissent les vieux soldats. » Un blessé qui souffrait beaucoup lui a dit : « Mon général, puisque je vous vois, je suis mieux.... » Le général a demandé lui-même à voir M. Rodillon, élève en droit du département de l'Allier. « Il y a quelque temps, lui a dit M. Lafayette, dans un banquet où nous étions ensemble vous désiriez la liberté, aujourd'hui vous l'avez conquise. »

Le général a témoigné le désir qu'on pût écrire un jour tous les faits éclatans, toutes les paroles mémorables recueillis au lit des blessés. Il est conforme à tous les sentimens de vouloir que le plus simple soldat, que le plus humble citoyen, dès qu'ils ont combattu pour la patrie, voyent aussi figurer leurs noms dans nos annales.

— Ce n'est pas seulement à Londres que les Français trouvent de la sympathie; Manchester, Birmingham, Leeds, toutes les villes manufacturières, veulent payer leur tribut. Des souscriptions à *deux sous* sont ouvertes parmi les ouvriers et, à la manière dont en pareil cas les choses se pratiquent en Angleterre, il ne faut pas douter qu'elles ne produisent des sommes considérables.

— M. J. Laffitte a déjà reçu des souscriptions en Angleterre pour les blessés de Paris plus de trois millions.

— On mande de Londres qu'en Angleterre les marchands ne demandent que des tissus tricolores et que tout le monde veut porter ces honorables couleurs. Cela doit faire sourire les Bruxellois qui ont eu la bonhomie de les quitter sur une invitation de trois agens de police.

— Le ministère est définitivement composé de la manière suivante :

M. le comte Molé est nommé ministre des affaires étrangères.

M. le général Gérard ministre de la guerre.

M. le général Sébastiani ministre de la marine.

M. Dupont de l'Eure ministre de la justice.

M. Guizot ministre de l'intérieur.

M. le baron Louis ministre des finances.

M. le duc de Broglie ministre de l'instruction publique et des travaux publics; il réunit en outre, dans ses attributions la présidence du conseil-d'état, et est chargé de préparer les nouvelles lois prévues par la chambre des députés.

Sont en outre nommés ministres-d'état et membres du conseil privé:

MM. Laffitte, Casimir Perrier, Dupin aîné, Bignon.

M. Willemain est nommé directeur-général de l'instruction publique.

— Beaucoup d'officiers furent écartés de l'armée par le
dernier gouvernement. Sur le rapport du ministre de la
guerre, le roi vient d'instituer une commission qui sera char=
gée d'examiner les titres et la position de chaque officier.

— M. Toullier, professeur de code civil à la faculté de
droit de Rennes, ancien doyen de la même faculté, est réin=
tégré dans ses fonctions de doyen.

— M. le général Lafayette vient de publier et de faire
afficher un ordre du jour contenant l'organisation provisoire
de la garde nationale de Paris et de son état-major.

Indépendamment de douze légions d'infanterie et d'un
corps de cavalerie, il sera attaché à la garde nationale un
corps d'artillerie. Un réglement particulier déterminera
l'organisation de ce corps.

— Les deux bâtimens préparés pour recevoir Charles X,
sa famille et sa suite, ont reçu des vivres pour trois mois, et
ont été prévenus que la traversée qu'ils auraient à faire serait d'un mois, ce qui a fait présumer à Cherbourg que
Charles X et sa famille voulaient se retirer dans l'Amérique
du nord.

PRÉCIS
DES ÉVÉNEMENS.

Le 27 juillet dans l'après-midi, les citoyens ont commencé
la lutte légitime contre la violation des lois. Quatre à cinq
mille seulement étaient armés de fusils. La garnison de Paris
se composait de douze mille hommes de garde royale française
et Suisses, et de six mille hommes de quatre régimens de
l'armée, savoir le 5e, le 50e le 55e, de ligne, et le 15e léger.
Une artillerie formidable soutenait ces dix-huit mille hommes.

Le 27, les citoyens firent les plus grands efforts de courage;
mais ils furent forcés de se replier sur tous les points.

Cependant les troupes ne purent se maintenir dans les rues
pendant la nuit. Les chefs les firent replier vers la place
Vendôme et les Tuileries.

La nuit du 27 au 28 fut mise à profit par les citoyens. On
dépava les rues, partie des pavés fut montée dans les mai=
sons et le reste employé à faire de hautes et fortes traverses
à tous les débouchés importans.

Le 28 au point au jour ils étaient prêts à soutenir l'attaque. Cette armée nationale paraissait innombrable, mais on ne peut guère évaluer à plus de dix-huit mille le nombre de ceux qui étaient armés de bons fusils, et bien munis de cartouches. Le reste, non moins déterminé, n'avait que des sabres, des pistolets, des baïonnettes emmanchées ou tout autre instrument propre à servir d'arme.

Ils s'étaient emparés pendant la nuit de la poudrière située près le Jardin des plantes, on avait forcé les boutiques des armuriers, on avait assiégé les casernes fournies de troupes, et on avait aussi saisi toutes les armes et les cartouches de dépôt, de sorte que les ressources des citoyens s'augmentaient sans cesse. En même temps on perfectionnait les retranchemens de toutes les rues.

Le 28, à 10 heures du matin, le maréchal duc de Raguse déboucha avec une colonne de six mille hommes et huit pièces de canon, par les quais, s'empara du Pont-Neuf, et ordonna de descendre vers l'hôtel-de-ville, alors occupé par la garde nationale parisienne.

Une canonnade et une fusillade affreuse s'engagèrent sur la place. L'hôtel-de-ville fut pris et repris par trois fois. Enfin la fusillade bien nourrie des citoyens força les troupes royales à se retirer dans le plus grand désordre et avec une grande perte.

Une pièce de canon leur fut enlevée dans cette retraite. Les volontaires nationaux faisaient la guerre de tirailleurs avec une adresse et une intrépidité extraordinaires. Tous les anciens militaires, qui fourmillent dans la population de Paris, guidaient leurs concitoyens. On cédait un moment à la supériorité de l'artillerie et des troupes réglées, on abandonnait les places et les rues trop larges pour se réfugier dans les encoignures, derrière les retranchemens et dans les maisons. De là, par un feu des plus vifs, on forçait les troupes à la retraite.

Des engagemens du même genre avaient lieu sur d'autres points, particulièrement au Palais Royal, dans la rue S.-Honoré, à la porte Saint-Denis, dans la rue Montmartre et dans la rue Dauphine. Une colonne d'infanterie et de cavalerie, dirigée par le général Walh, commandant la place de Paris, fut mise en déroute dans la rue Montmartre, à la hauteur de la rue Cléry; et obligée de se replier sur la place des Victoires.

Les colonnes royales engagées dans les rues étaient assaillies d'une grêle de pavés et d'une fusillade qui les écharpaient de toutes parts. Les citoyens leur criaient de mettre la crosse en l'air et de venir fraterniser avec eux; mais les chefs supérieurs forçaient les soldats et les officiers à soutenir cette lutte horrible.

Les troupes étaient comme terrifiées d'une résistance aussi opiniâtre, et murmuraient de ce qu'on les envoyait à une boucherie certaine. Les gardes royaux eux-mêmes déclaraient qu'il était impossible de forcer les rues, et leurs officiers non moins effrayés n'osaient plus reprendre l'offensive. Ils se maintenaient seulement sur le pont-neuf et sur les boulevards, depuis la Madeleine jusqu'à la rue de Richelieu, couvrant ainsi les abords du Louvre et des Tuileries.

La fusillade continua pendant presque toute la nuit du 28 au 29. Cette nuit fut encore très-avantageuse aux citoyens. Le nombre de leurs armes et de leurs munitions ne faisait que s'accroître ainsi que celui des combattans, tandis que les troupes royales s'affaiblissaient sans recevoir ni espérer de renfort. Ils étaient en outre sans vivres depuis deux jours, privés de toute communication avec leurs casernes, avec les ressources de la ville et avec la manufacture du pain, située rue du Cherche-Midi, et occupée par les gardes nationaux, tandis que les citoyens qui se battaient recevaient des maisons tout ce qu'ils pouvaient désirer et tous les secours possibles. Les blessés surtout étaient recueillis et soignés par les dames avec l'effusion de cœur la plus attendrissante.

Le 29, troisième jour de cette lutte, les troupes royales furent débusquées du Pont-Neuf à huit heures du matin. Elles se retranchèrent dans le Louvre, qui fut emporté d'assaut à dix heures. Le combat fut ensuite des plus acharnés dans la rue St-honoré et dans toutes les petites rues qui débouchent sur le Carrousel et la rue de Rivoli, ainsi que sur le quai des Tuileries.

Enfin les troupes royales, malgré leur artillerie, malgré l'argent qu'on leur avait distribué à pleines mains pour les encourager, malgré les violentes excitations de leurs généraux, furent forcées par la constante intrépidité des tirailleurs nationaux à s'enfuir dans les Tuileries. Aussitôt le Carrousel est envahi, la garde royale soutient le feu derrière les grilles; mais la rue de Rivoli et la rue de la Paix étaient envahies par les citoyens, et enfin l'armée royale n'eût plus qu'à se retirer en grande hâte et dans un désordre inexprimable par l'avenue de Neuilly. A midi et demi, les citoyens étaient maîtres du château des Tuileries et le feu avait cessé partout.

L'après-midi du 29 formait un touchant contraste avec les jours précédens. Chacun s'embrassait, on circulait dans Paris, on félicitait les braves, et pas le moindre excès n'a gâté une si belle cause.

A MONS, CHEZ HOYOIS-DERELY, RUE DES CLERCS N.° 10,
et chez les principaux libraires du royaume.

PROCLAMATION DU ROI.

Français,

Vous avez sauvé vos libertés; vous m'avez appelé à vous gouverner selon les lois. Votre tâche est glorieusement accomplie; la mienne commence. C'est à moi de faire respecter l'ordre légal que vous avez conquis. Je ne puis permettre à personne de s'en affranchir, car j'y suis soumis moi-même.

Il faut que l'administration reprenne partout son cours. De nombreux changemens ont déjà été faits, d'autres se préparent. L'autorité doit être entre les mains d'hommes fermement attachés à la cause nationale. Un mouvement si prompt et si vaste n'a pu s'accomplir sans quelque confusion momentanée : elle touche à son terme. Je demande à tous les bons citoyens d'entourer leurs magistrats, et de les aider à maintenir, au profit de tous, l'ordre et la liberté.

Des réformes sont nécessaires dans les services publics. La perception de certains impôts charge le pays d'un pesant fardeau. Des lois seront proposées pour y porter remède. Dans cet examen, aucune réclamation ne sera étouffée, aucun intérêt oublié, aucun fait méconnu; mais, en attendant les lois nouvelles, obéissance est due aux lois en vigueur : la raison publique le proclame; la sûreté de l'état le commande. Que tous les hommes de bien emploient leur influence à en convaincre leurs concitoyens. Pour moi, je ne manquerai ni dans l'avenir à mes promesses, ni dans le présent à mes devoirs.

Français, l'Europe contemple avec une admiration mêlée de quelque surprise notre glorieuse révolution; elle se demande si telle est en effet la puissance de la civilisation et du travail, que de tels événemens ne puissent s'accomplir sans que la société en soit ébranlée. Dissipons ces derniers doutes; qu'un gouvernement aussi régulier que national succède promptement à la défaite du pouvoir absolu. *Liberté, ordre public,* telle est la devise que la garde nationale de Paris porte sur ses drapeaux; que ce soit aussi le spectacle qu'offre la France à l'Europe. Nous aurons en quelques jours assuré pour des siècles le bonheur et la gloire de la patrie.

Paris, 15 août 1830.   LOUIS-PHILIPPE.

Le commissaire provisoire du département de la justice.

DUPONT (de l'Eure).

DÉCLARATION DE LA CHAMBRE.

Voici le texte même de la déclaration présentée par la chambre des députés à M. le lieutenant-général du royaume:

« La chambre des députés, prenant en considération l'impérieuse nécessité qui résulte des événemens des 26, 27, 28, 29 juillet dernier et jours suivans, et de la situation générale où la France s'est trouvée placée à la suite de la violation de la Charte constitutionnelle;

« Considérant en outre que par suite de cette violation et de la résistance héroïque des citoyens de Paris, S. M. Charles X, S. A. R. Louis-Antoine Dauphin et tous les membres de la branche aînée de la maison royale, sortent en ce moment du territoire français.

« Déclare que le trône est vacant en fait et en droit, et qu'il est indispensable d'y pourvoir.

« La chambre des députés déclare secondement que, selon le vœu et dans l'intérêt du peuple français, le préambule de la Charte constitutionnelle est supprimé comme blessant la dignité nationale, en paraissant octroyer aux Français des droits qui leur appartiennent essentiellement, et que les articles suivants de la même Charte doivent être supprimés ou modifiés de la manière qui va être indiquée.

« Art. 6. La religion de l'état, supprimé.

« Art. 7. Les ministres de la religion catholique et romaine professée par la majorité des Français, et ceux des autres cultes chrétiens, reçoivent des traitemens du trésor public.

« Art. 8. Les Français ont le droit de publier et de faire imprimer leurs opinions, en se conformant aux lois. La censure ne pourra jamais être rétablie.

« Art. 14. Le roi est le chef suprême de l'état, il commande les forces de terre et de mer, déclare la guerre, fait des traités de paix, d'alliance et de commerce, nomme à tous les emplois d'administration publique et fait les réglemens et ordonnances nécessaires pour l'exécution des lois, sans pouvoir jamais ni suspendre les lois elles-mêmes ni dispenser de leur exécution. Toutefois, aucune troupe étrangère ne pourra être admise au service de l'état qu'en vertu d'une loi.

Art. 15. Suppression des mots : *Des départemens.*

Art. 16 et 17. La proposition des lois appartient au roi, à la chambre des pairs et à la chambre des députés. Néanmoins toute loi d'impôt doit être d'abord votée par la chambre des députés.

(¹) Art. 15. La puissance législative s'exerce collectivement par le roi, la chambre des pairs et la chambre des députés des départemens.

Art. 19, 20 et 21. Supprimés, remplacés par la disposition suivante : Si une proposition de la loi a été rejetée par l'un des trois pouvoirs, elle ne pourra être représentée dans la même session [1].

Art. 26. Toute assemblée de la chambre des pairs qui serait tenue hors du temps de la session de la chambre des députés est illicite et nulle de plein droit, sauf le seul cas où elle est réunie comme cour de justice, et alors elle ne peut exercer que des fonctions judiciaires.

Art. 30. Les princes du sang sont pairs par droit de naissance; ils siégent immédiatement après le président [2].

Art. 31. *Supprimé.*

Art. 32. Les séances de la chambre des pairs sont publiques comme celles de la chambre des députés.

Art. 36. *Supprimé.*

Art. 37. Les députés sont élus pour cinq ans.

Art. 38. Aucun député ne peut être admis dans la chambre s'il n'est âgé de trente ans et s'il ne réunit les autres conditions déterminées par la loi.

Art. 39. Si néanmoins, il ne se trouvait pas dans le département cinquante personnes de l'âge indiqué, payant le cens d'éligibilité déterminé par la loi, leur nombre sera complété par les plus imposés au-dessous du taux de ce cens, et ceux-ci pourront être élus concurremment avec les premiers [3].

Art. 40. Nul n'est électeur s'il a moins de 25 ans, et s'il ne réunit les autres conditions déterminées par la loi [4].

---

[1] Art. 19. Les chambres ont la faculté de supplier le roi de proposer une loi sur quelque objet que ce soit, et d'indiquer ce qu'il leur paraît convenable que la loi contienne.

[2] Art. 31. Les princes ne peuvent prendre séance à la chambre que de l'ordre du roi, exprimé pour chaque session par un message, à peine de nullité de tout ce qui aurait été fait en leur présence.

Art. 32. Toutes les délibérations de la chambre des pairs seront publiques. La demande de cinq membres suffira pour les rendre secrètes.

Art. 37. Les députés seront élus pour cinq ans. Le reste de l'article au renouvellement par cinquième est supprimé.

Art. 38. Aucun député ne sera admis avant l'âge de vingt-cinq ans et s'il ne réunit pas les autres conditions exigées par la loi.
- Cet article ainsi rédigé laisse à la législature toute lattitude pour accroître ou diminuer le cens électoral.

[3] Art. 39. Si néanmoins il ne se trouvait pas dans le département cinquante personnes de l'âge indiqué.

[4] Art. 40. Les électeurs qui concourront à la nomination des députés, ne peuvent avoir droit de suffrage s'ils ne paient une contribution directe de 300 francs et s'ils ont moins de trente ans.

Art. 41. Les présidens des colléges électoraux sont nommés par les électeurs.

Art. 43. Le président de la chambre des députés est élu par elle à l'ouverture de chaque session.

Art. 46 et 47. *Supprimés* (en conséquence de l'initiative).

Art. 56. *Supprimé.*

Art. 63. Il ne pourra en conséquence être créé de commissions et de tribunaux extraordinaires, à quelque titre et sous quelque dénomination que ce puisse être ['].

Art. 73. Les colonies sont régies par des lois particulières.

Art. 74. Le roi et ses successeurs jureront, à leur avène=ment, en présence des chambres réunies, d'observer fidèle=ment la Charte constitutionnelle.

Art. 75. La présente Charte et tous les droits qu'elle consa=cre demeurent confiés au patriotisme et au courage des gar=des nationales et de tous les citoyens français.

Art. 76. La France reprend ses couleurs. A l'avenir, il ne sera plus porté d'autre cocarde que la cocarde tricolore.

Art. 75 et 76. *Supprimés.*

Dispositions particulières.

Toutes les nominations et créations nouvelles de pairs, faites sous le règne du roi Charles X, sont déclarées nulles et non avenues.

L'article 27 de la Charte sera soumis à un nouvel examen dans la session de 1831.

La chambre des députés déclare troisièmement qu'il est nécessaire de pourvoir successivement, par des lois séparées et dans le plus court délai possible, aux objets qui suivent :

1.° L'application du jury aux délits de la presse et aux dé-lits politiques.

2.° La responsabilité des ministres et des autres agens du pouvoir.

3.° La réélection des députés promus à des fonctions pu=bliques salariées.

4.° Le vote annuel du contingent de l'armée.

5.° L'organisation de la garde nationale, avec intervention des gardes nationaux dans le choix de leurs officiers.

6.° Des dispositions qui assurent d'une manière légale l'é=tat des officiers de tout grade de terre et de mer.

(') Art. 63. Il ne pourra en conséquence , être créé des commissions et tribunaux extraordinaires. Ne sont pas comprises sous cette dénomi=nation les juridictions prévôtales, si leur rétablissement est jugé nécessaire.

7.° Des institutions départementale et municipale fondées sur un système électif.

8.° L'instruction publique et la liberté de l'enseignement.

9.° L'abolition du double vote et la fixation des conditions électorales et d'éligibilité.

10.° Déclarer que toutes les lois et ordonnances, en ce qu'elles ont de contraire aux dispositions adoptées pour la réforme de la Charte, sont dès à présent et demeurent annu= lées et abrogées.

Moyennant l'acceptation de ces dispositions et propositions, la chambre des députés déclare enfin que l'intérêt universel et pressant du peuple français appelle au trône S. A. R. LOUIS-PHILIPPE D'ORLÉANS, duc d'Orléans, lieutenant-gé= néral du royaume, et ses descendans à perpétuité de mâle en mâle par ordre de primogéniture, et à l'exclusion perpétuelle des femmes et de leur descendance.

En conséquence, S. A. R. Louis-Philippe d'Orléans, duc d'Orléans, lieutenant-général du royaume, sera invité à accepter et à jurer les clauses et engagemens ci-dessus énoncés, l'observation de la Charte constitutionnelle et des modifications indiquées, et après l'avoir fait devant les cham= bres assemblées, à prendre le titre de Roi des Français.

Délibéré au palais de la chambre des députés, le 7 août 1850.

Les président et secrétaires,

LAFFITTE, *vice-président.*

JACQUEMINOT, PAVÉE DE VANDEUVRE,

CUNIN-GRIDAINE, JARS.

Les actions d'éclat, les traits de patriotisme, d'intrépidité et de dés= intéressement qui ont signalé les trois grandes journées de cette lutte héroïque et résumé la glorieuse révolution de 89, se sont multipliés d'une manière si prodigieuse, que plusieurs volumes suffiraient à peine à leur simple nomenclature. Force nous est donc de nous arrêter et de renvoyer à des ouvrages plus volumineux ceux de nos lecteurs qui dé= sireraient n'ignorer aucune circonstance de ce drame gigantesque qui vient de consolider à jamais la liberté, le repos et le bonheur de la nation la plus policée et la plus brave de l'Europe. Les causes innom= brables qui en ont amené le dénouement sont connues de toute l'Eu= rope et forment une partie des annales de France, depuis 1815 jusqu'à nos jours ; cependant nous avons pense qu'il était bon de consigner ici l'infâme Rapport qui a motivé les inconcevables Ordonnances du 25 juillet, de ce jour qui sera pour l'histoire le complément de 15 ans de la plus odieuse et de la plus lâche tyrannie.

Ces Ordonnances et ce Rapport, qui ont amené la plus étonnante comme la plus rapide des révolutions, resteront à jamais pour attester aux siècles futurs à quels excès monstrueux avait pu se porter

...... cet esprit de vertige et d'erreur,

DE LA CHUTE DES ROIS FUNESTE AVANT-COUREUR.

RAPPORT AU ROI.

SIRE,

Vos ministres seraient peu dignes de la confiance dont Votre Majesté les honore, s'ils tardaient plus long-temps à placer sous vos yeux un aperçu de notre situation intérieure, et à signaler à votre haute sagesse les dangers de la presse périodique.

A aucune époque, depuis quinze années, cette situation ne s'était présentée sous un aspect plus grave et plus affli= geant. Malgré une prospérité matérielle dont nos annales n'avaient jamais offert d'exemples, des signes de désorgani= sation et des symptômes d'anarchie se manifestent sur pres= que tous les points du royaume.

Les causes successives qui ont concouru à affaiblir les res= sorts du gouvernement monarchique, tendent aujourd'hui'à en altérer et à en changer la nature : déchue de sa force morale, l'autorité, soit dans la capitale, soit dans les provin= ces, ne lutte plus qu'avec désavantage contre les factions ; des doctrines pernicieuses et subversives, hautement profes= sées, se répandent et se propagent dans toutes les classes de la population ; les inquiétudes trop généralement accré= ditées agitent les esprits et tourmentent la société. De toutes parts on demande au présent des gages de sécurité pour l'avenir !

Une malveillance active, ardente, infatigable travaille à ruiner tous les fondemens de l'ordre et ravir à la France le bonheur'dont elle jouit sous le sceptre de ses rois. Habile à exploiter tous les mécontentemens et à soulever toutes les haines, elle fomente, parmi les peuples, un esprit de défiance et d'hostilité envers le pouvoir, et cherche à semer partout des germes de troubles et de guerre civile.

Et déjà, Sire, des événemens récens ont prouvé que les passions politiques, contenues jusqu'ici dans les sommités de la société, commencent à en pénétrer les profondeurs et et à émouvoir les masses populaires. Ils ont prouvé aussi que ces masses ne s'ébranleraient pas toujours sans danger pour ceux-là même qui s'efforcent de les arracher au repos.

Une multitude de faits, recueillis dans le cours des opéra= tions électorales, confirment ces données, et nous offriraient le présage trop certain de nouvelles commotions, s'il n'était au pouvoir de Votre Majesté d'en détourner le malheur.

Partout aussi, si l'on observe avec attention, existe un be= soin d'ordre, de force et de permanence, et les agitations qui y semblent le plus contraires n'en sont en réalité que l'expression et le témoignage.

Il faut bien le reconnaître : ces agitations qui ne peuvent s'accroître sans de grands périls, sont presque exclusivement produites et excitées par la liberté de la presse. Une loi sur les élections, non moins féconde en désordres, a sans doute concouru à les entretenir; mais ce serait nier l'évidence que de ne pas voir dans les journaux le principal foyer d'une corruption dont les progrès sont chaque jour plus sensibles, et la première source des calamités qui menacent le royaume.

L'expérience, Sire, parle plus hautement que les théories. Des hommes éclairés sans doute, et dont la bonne foi d'ailleurs n'est pas suspecte, entraînés par l'exemple mal compris d'un peuple voisin, ont pu croire que les avantages de la presse périodique en balanceraient les inconvéniens, et que ses excès se neutraliseraient par des excès contraires. Il n'en a pas été ainsi, l'épreuve est décisive, et la question est maintenant jugée dans la conscience publique.

A toutes les époques, en effet, la presse périodique n'a été, et il est dans sa nature de n'être qu'un instrument de désordre et de sédition.

Que de preuves nombreuses et irrécusables à apporter à l'appui de cette vérité ! c'est par l'action violente et non interrompue de la presse que s'expliquent les variations trop fréquentes de notre politique intérieure. Elle n'a pas permis qu'il s'établît en France un système régulier et stable de gouvernement, ni qu'on s'occupât avec quelque suite d'introduire dans toutes les branches de l'administration publique les améliorations dont elles sont susceptibles. Tous les ministères depuis 1814, quoique formés sous des influences diverses et soumis à des directions opposées, ont été en butte aux mêmes traits, aux mêmes attaques et au même déchaînement de passions. Les sacrifices de tout genre, les concessions de pouvoir, les alliances de parti, rien n'a pu les soustraire à cette commune destinée.

Ce rapprochement seul, si fertile en réflexions, suffirait pour assigner à la presse son véritable, son invariable caractère. Elle s'applique par des efforts soutenus, persévérans, répétés chaque jour, à relâcher tous les liens d'obéissance et de subordination, à user les ressorts de l'autorité publique, à la rabaisser, à l'avilir dans l'opinion des peuples et à lui créer partout des embarras et des résistances.

Son art consiste, non pas à substituer à une trop facile soumission d'esprit une sage liberté d'examen, mais à réduire en problême les vérités les plus positives : non pas à provoquer sur les questions politiques une controverse franche et utile, mais à les présenter sous un faux jour et à les résoudre par des sophismes.

La presse a jeté ainsi le désordre dans les intelligences les plus droites, ébranlé les convictions les plus fermes, et produit, au milieu de la société, une confusion de principes qui se prête aux tentatives les plus funestes. C'est par l'anarchie dans les doctrines qu'elle prélude à l'anarchie dans l'Etat.

Il est digne de remarquer, Sire, que la presse périodique

n'a pas même rempli sa plus essentielle condition, celle de la publicité. Ce qui est étrange, mais ce qui est vrai à dire, c'est qu'il n'y a pas de publicité en France, en prenant ce mot dans la justice et rigoureuse acceptation. Dans l'état des choses, les faits, quand ils ne sont pas entièrement supposés, ne parviennent à la connaissance de plusieurs millions de lecteurs que tronqués, défigurés, mutilés de la manière la plus odieuse. Un épais nuage, élevé par les journaux, dérobe la vérité et intercepte en quelque sorte la lumière entre le gouvernement et les peuples. Les rois vos prédécesseurs, Sire, ont toujours aimé à se communiquer à leurs sujets : c'est une satisfaction dont la presse n'a pas voulu que Votre Majesté pût jouir.

Une licence qui a franchi toutes les bornes n'a respecté, en effet, même dans les occasions les plus solennelles, ni les volontés expresses du roi, ni les paroles descendues du haut du trône. Les unes ont été méconnues et dénaturées ; les autres ont été l'objet de perfides commentaires ou d'amères dérisions. C'est ainsi que le dernier acte de la puissance royale, la promotion, a été discréditée dans le public, avant même d'être connue des électeurs.

Ce n'est pas tout. La presse ne tend pas moins qu'à subjuguer la souveraineté et à envahir les pouvoirs de l'état. Organe prétendu de l'opinion publique, elle aspire à diriger les débats des deux chambres, et il est incontestable qu'elle y apporte le poids d'une influence non moins fâcheuse que décisive. Cette domination a pris surtout depuis deux ou trois ans, dans la chambre des députés, un caractère manifeste d'oppression et de tyrannie. On a vu, dans cet intervalle de temps les journaux poursuivre de leurs insultes et de leurs outrages les membres dont le vote leur paraissait incertain ou suspect. Trop souvent, Sire, la liberté des délibérations dans cette chambre a succombé sous les coups redoutables de la presse.

On ne peut qualifier en termes moins sévères la conduite des journaux de l'opposition dans des circonstances plus récentes. Après avoir eux-mêmes provoqué une adresse attentatoire aux prérogatives du trône, ils n'ont pas craint d'ériger en principe la réélection des 221 députés dont elle est l'ouvrage. Et cependant Votre Majesté avoit repoussé cette adresse comme offensante ; elle avait porté un blâme public sur le refus de concours qui y était exprimé ; elle avait annoncé sa résolution immuable de défendre les droits de sa couronne si ouvertement compromis. Les feuilles périodiques n'en ont tenu compte : elles ont pris, au contraire, à tâche de renouveler, de perpétuer et d'aggraver l'offense. Votre Majesté décidera si cette attaque téméraire doit rester plus long-temps impunie.

A MONS, CHEZ HOYOIS-DERELY, RUE DES CLERCS N° 10, et chez les principaux libraires du royaume.

Mais de tous les excès de la presse, le plus grave peut-être
nous reste à signaler. Dès les premiers temps de cette expédition dont la gloire jette un éclat si pur et si durable sur
la noble couronne de France, la presse en a critiqué avec
une violence inouïe les causes, les moyens, les préparatifs,
les chances de succès. Insensible à l'honneur national, il n'a
pas dépendu d'elle que notre pavillon ne restât flétri des
insultes d'un barbare. Indifférente aux grands intérêts de
l'humanité, il n'a pas dépendu d'elle que l'Europe ne restât
asservie à un esclavage cruel et à des tributs honteux.
   Ce n'était point assez : par une trahison que nos lois auraient pu atteindre, la presse s'est attachée à publier tous
les secrets de l'armement, à porter à la connaissance de l'é-
tranger l'état de nos forces, le dénombrement de nos troupes,
celui de nos vaisseaux, l'indication des points de station, les
moyens à employer pour dompter l'inconstance des vents, et
pour aborder la côte. Tout, jusqu'au lieu du débarquement
a été divulgué comme pour ménager à l'ennemi une défense
plus assurée. Et, chose sans exemple chez un peuple civilisé,
la presse, par de fausses alarmes sur les périls à courir, n'a
pas craint de jeter le découragement dans l'armée, et, signa-
lant à sa haine le chef même de l'entreprise, elle a pour
ainsi dire excité les soldats à lever contre lui l'étandard de
la révolte ou à déserter leurs drapeaux ! Voilà ce qu'ont osé
faire les organes d'un parti qui se prétend national !
   Ce qu'il ose faire chaque jour, dans l'intérieur du royaume,
ne va pas moins qu'à disperser les élémens de la paix publique, à dissoudre les liens de la société, et, qu'on ne s'y
méprenne point, à faire trembler le sol sous nos pas. Ne
craignons pas de révéler ici toute l'étendue de nos maux pour
pouvoir mieux apprécier toute l'étendue de nos ressources.
Une diffamation systématique, organisée en grand, et dirigée avec une persévérance sans égale, va atteindre, ou de
près ou de loin, jusqu'au plus humble des agens du pouvoir.
Nul de vos sujets, sire, n'est à l'abri d'un outrage, s'il reçoit
de son souverain la moindre marque de confiance ou de satisfaction. Un vaste réseau, étendu sur la France, enveloppe
tous les fonctionnaires publics; constitués en état permanent
de prévention, ils semblent en quelque sorte retranchés de
la société civile; on n'épargne que ceux dont la fidélité chancelle; on ne loue que ceux dont la fidélité succombe; les
autres sont notés par la faction pour être plus tard sans
doute immolés aux vengeances populaires.
   La presse périodique n'a pas mis moins d'ardeur à poursuivre de ses traits envenimés la religion et les prêtres. Elle
veut, elle voudra toujours déraciner, dans le cœur des
peuples, jusqu'au dernier germe des sentimens religieux.
Sire, ne doutez pas qu'elle n'y parvienne, en attaquant les

17

fondemens de la foi, en altérant les sources de la morale publique, et en prodiguant à pleines mains la dérision et le mépris aux ministres des autels.

Nulle force, il faut l'avouer, n'est capable de résister à un dissolvant aussi énergique que la presse. Toutes les époques où elle s'est dégagée de ses entraves, elle a fait irruption, invasion dans l'État. On ne peut qu'être singulièrement frappé de la similitude de ses effets depuis quinze ans, malgré la diversité des circonstances et malgré le changement des hommes qui ont occupé la scène politique. Sa destinée est, en un mot, de recommencer la révolution, dont elle proclame hautement les principes. Placée et replacée à plusieurs intervalles sous le joug de la censure, elle n'a autant de fois ressaisi la liberté que pour reprendre son ouvrage interrompu. Afin de le continuer avec plus de succès, elle a trouvé un actif auxiliaire dans la presse départementale qui, mettant aux prises les jalousies et les haines locales, semant l'effroi dans l'âme des hommes timides, harcelant l'autorité par d'interminables tracasseries, a exercé une influence presque décisive sur les élections.

Ces derniers effets, sire, sont passagers; mais des effets plus durables se font remarquer dans les mœurs et dans le caractère de la nation. Une polémique ardente, mensongère et passionnée, école de scandale et de licence, y produit des changemens graves et des altérations profondes; elle donne une fausse direction aux esprits, les remplit de préventions et de préjugés, les détourne des études sérieuses, nuit ainsi aux progrès des arts et des sciences, excite parmi nous une fermentation toujours croissante, entretient, jusque dans le sein des familles, de funestes dissensions et pourrait par degrés nous ramener à la barbarie.

Contre tant de maux enfantés par la presse périodique, la loi et la justice sont également réduites à confesser leur impuissance.

Il serait superflu de rechercher les causes qui ont atténué la repression et en ont fait insensiblement une arme inutile dans la main du pouvoir. Il nous suffit d'interroger l'expérience et de constater l'état présent des choses.

Les mœurs judiciaires se prêtent difficilement à une répression efficace. Cette vérité d'observation avait depuis long-temps frappé de bons esprits : elle a acquis nouvellement un caractère plus marqué d'évidence. Pour satisfaire aux besoins qui l'ont fait instituer, la répression aurait dû être prompte et forte : elle est restée lente, faible et à peu près nulle. Lorsqu'elle intervient, le dommage est commis, loin de le réparer la punition y ajoute le scandale du débat.

La poursuite juridique se lasse, la presse séditieuse ne se lasse jamais. L'une s'arrête, parce qu'il y a trop à sévir, l'autre multiplie ses forces en multipliant ses délits.

Dans les circonstances diverses, la poursuite a eu ses périodes d'activité ou de relâchement. Mais zèle ou tiédeur de la part du ministère public, qu'importe à la presse ? Elle cherche dans le redoublement de ses excès la garantie de leur impunité.

L'insuffisance ou plutôt l'inutilité des précautions établies dans les lois en vigueur, est démontrée par les faits. Ce qui est également démontré par les faits, c'est que la sûreté publique est compromise par la licence de la presse. Il est temps, il est plus que temps d'en arrêter les ravages. "

Entendez, Sire, ce cri prolongé d'indignation et d'effroi qui part de tous les points de votre royaume. Les hommes paisibles, les gens de bien, les amis de l'ordre élèvent vers Votre Majesté des mains suppliantes. Tous lui demandent de les préserver du retour des calamités dont leurs pères ou eux-mêmes eurent tant à gemir. Ces alarmes sont trop réelles pour n'être pas écoutées, ces vœux sont trop légitimes pour n'être pas accueillis.

Il n'est qu'un seul moyen d'y satisfaire, c'est de rentrer dans la Charte. Si les termes de l'article 8 sont ambigus, son esprit est manifeste. Il est certain que la Charte n'a pas concédé la liberté des journaux et des écrits périodiques. Le droit de publier ses opinions personnelles n'implique sûrement pas le droit de publier, par voie d'entreprise, les opinions d'autrui. L'un est l'usage d'une faculté que la loi a pu laisser libre ou soumettre à des restrictions, l'autre est une spéculation d'industrie qui, comme les autres et plus que les autres, suppose la surveillance de l'autorité publique.

Les intentions de la Charte, à ce sujet, sont exactement expliquées dans la loi du 21 octobre 1814, qui en est en quelque sorte l'appendice : on peut d'autant moins en douter que cette loi fut présentée aux chambres le 5 juillet, c'est-à-dire un mois après la promulgation de la Charte. En 1819, à l'époque même où un système contraire prévalut dans les chambres, il y fut hautement proclamé que la presse périodique n'était point régie par la disposition de l'article 8. Cette vérité est d'ailleurs attestée par les lois mêmes qui ont imposé aux journaux la condition d'un cautionnement.

Maintenant, Sire, il ne reste plus qu'à se demander comment doit s'opérer ce retour à la Charte et à la loi du 21 octobre 1814. La gravité des conjectures présentes à résolu cette question.

Il ne faut pas s'abuser. Nous ne sommes plus dans les conditions ordinaires du gouvernement représentatif. Les pricipes sur lesquels il a été établi, n'ont pu demeurer intacts, au milieu des vicissitudes politiques. Une démocratie turbulente, qui a pénétré jusque dans nos lois, tend à se subtituer au pouvoir légitime. Elle dispose de la majorité des élections par le moyen de ses journaux et le concours

d'affiliations nombreuses. Elle a paralysé, autant qu'il dépen=
dait d'elle, l'exercice régulier de la plus essentielle prérogative de la couronne, celle de dissoudre la chambre élective.
Votre Majesté seule conserve la force de la rasseoir et de
la raffermir sur ses bases.

Le droit, comme le devoir, d'en assurer le maintien, est
l'attribut séparable de la souveraineté. Nul gouvernement
sur la terre ne resterait debout, s'il n'avait le droit de pour=
voir à sa sûreté. Ce pouvoir est préexistant aux lois, parce
qu'il est dans la nature des choses. Ce sont là, Sire, des
maximes qui ont pour elles et la sanction du temps et l'aveu
de tous les publicistes de l'Europe.

Mais ces maximes ont une autre sanction plus positive
encore, celle de la Charte elle-même. L'article 14 a investi
Votre Majesté d'un pouvoir suffisant, non sans doute pour
changer nos institutions, mais pour les consolider et les ren=
dre plus immuables.

D'impérieuses nécessités ne permettent plus de différer
l'exercice de ce pouvoir suprême. Le moment est venu de
recourir à des mesures qui rentrent dans l'esprit de la Charte,
mais qui sont en-dessous de l'ordre légal, dont toutes les
ressources ont été inutilement épuisées.

Ces mesures, sire, vos ministres, qui doivent en assurer
les succès, n'hésitent pas à vous les proposer, convaincus
qu'ils sont que force restera à justice.

Nous sommes avec le plus profond respect,

    SIRE,   De Votre Majesté,
             Les très-humbles et très-fidèles sujets,

Le président du conseil des ministres, Prince DE POLIGNAC.
Le garde-des-sceaux de France, ministre de la justice, CHANTELAUZE.
Le ministre secrétaire-d'état de la marine et des colonies, Bar. D'HAUSSEZ.
Le ministre secrétaire-d'état de l'intérieur, Comte DE PEYRONNET.
Le ministre secrétaire-d'état des finances, MONTBEL.
Le ministre secrétaire-d'état des affaires ecclésiastiques et de l'instruc-
tion publique, Comte DE GUERNON-RANVILLE.
Le ministre secrétaire-d'état des travaux publics, Baron CAPELLE.

ORDONNANCES DU ROI.

CHARLES, etc.

A tous ceux qui les présentes verront, salut :
Sur le rapport de notre conseil des ministres,
Nous avons ordonné et ordonnons ce qui suit :
Art. 1.er La liberté de la presse périodique est suspendue.
2. Les dispositions des art. 1, 2 et 9 du titre 1.er de la loi du 21 octobre 1814 sont remises en vigueur.
En conséquence, nul journal et écrit périodique ou semi-périodique,
établi ou à établir, sans distinction des matières qui y seront traitées,
ne pourra paraître, soit à Paris, soit dans les departemens, qu'en vertu
de l'autorisation qu'en auront obtenue de nous séparement les auteurs
et imprimeur.
Cette autorisation devra être renouvelée tous les trois mois.
Elle pourra être révoquée.

3. L'autorisation pourra être provisoirement accordée et provisoirement retirée par les préfets aux journaux et ouvrages périodiques ou semi-périodiques publiés dans les départemens.

4. Les journaux et écrits publiés en contravention à l'art. 2 seront immédiatement saisis.

Les presses et caractères qui auront servi à leur impression seront placés dans un dépôt public et sous scellés, ou mis hors de service.

5. Nul écrit au dessous de vingt feuilles d'impression ne pourra paraitre qu'avec l'autorisation de notre ministre secrétaire-d'état de l'intérieur, à Paris, et des préfets dans les départemens.

Tout écrit de plus de vingt feuilles d'impression qui ne constituera pas un même corps d'ouvrage sera également soumis à la nécessité de l'autorisation.

Les écrits publiés sans autorisation seront immédiatement saisis.

Les presses et caractères qui auront servi à leur impression seront placés dans un dépôt public et sous scellés ou mis hors de service.

6. Les Mémoires sur procès et les Mémoires des Sociétés savantes ou littéraires sont soumis à l'autorisation préalable, s'ils traitent en tout ou en partie de matières politiques, cas auquel les mesures prescrites par l'art. 5 leur seront applicables.

7. Toute disposition contraire aux présentes restera sans effet.

8. L'exécution de la présente ordonnance aura lieu en conformité de l'article 4 de l'ordonnance du 27 novembre 1816 et de ce qui est prescrit par celle du 18 janvier 1817.

9. Nos ministres secrétaires-d'état sont chargés de l'exécution des présentes.

Donné en notre château de Saint-Cloud, le 25 juillet de l'an de grâce mil huit cent trente, et de notre règne la sixième.　　CHARLES.

Par le roi : *Le président du conseil des ministres*, Prince DE POLIGNAC.

(Suivent les signatures des autres ministres.)

Charles, etc. Vu l'article 50 de la charte constitutionnelle ; étant informé des manœuvres qui ont été pratiquées sur plusieurs points de notre royaume pour tromper et égarer les électeurs pendant les dernières opérations des colléges électoraux ; notre conseil entendu, nous avons ordonné et ordonnons.

Art. 1.er La chambre des députés des département est dissoute.

2. Notre ministre, secrétaire-d'état de l'intérieur, est chargé de l'exécution de la présente ordonnance.

Donné à Saint-Cloud, le 25e jour du mois de juillet de l'an de grâce mil huit cent trente, et de notre règne le sixième.

Par le roi,　　　　　　　　　　　CHARLES.

Le ministre secrétaire-d'état de l'intérieur, Comte DE PEIRONNET.

(Suivent les signatures des autres ministres.)

CHARLES, etc :

A tous ceux qui les présentes verront, salut :

Ayant résolu de prevenir le retour des manœuvres qui ont exercé une influence pernicieuse sur les dernières opérations des colléges électoraux ;

Voulant en conséquence réformer, selon les principes de la Charte constitutionnelle, les règles d'élection dont l'experience a fait sentir les inconvéniens,.

'Nous avons reconnu la nécessité d'user du droit qui nous appartient de pourvoir, par des actes émanés de nous, à la sûreté de l'état et à la repression de toute entreprise attentatoire à la dignité de notre couronne;

A ces causes,

Nôtre conseil entendu,

Nous avons ordonne et ordonnons,

Art. 1.er Conformément aux articles 15, 36 et 30 de la charte constitutionnelle, la chambre des députés ne se composera que de députés de département.

2. Le cens électoral et le cens d'éligibilité se composeront exclusivement des sommes pour lesquelles l'électeur et l'éligible seront inscrits personnellement, en qualité de propriétaires, ou d'usufruitiers, au rôle de l'imposition foncière et de l'imposition personnelle et mobilière.

3. Chaque département aura le nombre de députés qui lui est attribué par l'art. 36 de la charte constitutionnelle.

4. Les députés seront élus et la chambre sera renouvelée dans la forme et pour le temps fixés par l'art, 37 de la charte constitutionnelle.

5. Les collèges electoraux se diviseront en colléges d'arrondissement et colléges de département.

Sont toutefois exceptés les colléges électoraux des départemens auxquels il n'est attribué qu'un seul député.

6. Les colléges electoraux d'arrondissement se composeront de tous les électeurs dont le domicile politique sera établi dans l'arrondissement.

Les collèges électoraux de département se composeront du quart le plus imposé des électeurs du département.

7. La circonscription actuelle des colléges électoraux d'arrondissement est maintenue.

8. Chaque collège électoral d'arrondissement élira un nombre de candidats égal au nombre des députés de département.

9. Le collége d'arrondissement se divisera en autant de sections qu'il devra nommer de candidats.

Cette division s'opérera proportionnellement au nombre des sections et au nombre total des électeurs du collége, en ayant egard, autant qu'il sera possible, aux convenances des localités et du voisinage.

10. Les sections du collége electoral d'arrondissement pourront être assemblees dans des lieux differens.

11. Chaque section du collège électoral d'arrondissement élira un candidat et procédera séparement.

12. Les présidens des sections du collége électoral d'arrondissement seront nommes par les préfets, parmi les électeurs de l'arrondissement.

13. Le collège de département élira les députés.

La moitié des députés du département devra être choisie dans la liste générale des candidats proposes par les colleges d'arrondissement.

Neanmoins si le nombre des députés du departement est impair, le partage se fera sans reduction du droit réserve au collége du departement.

14. Dans les cas où, par l'effet d'omissions, de nominations nulles ou de nouvelles nominations, la liste de candidats proposés par les colleges d'arrondissement serait incomplète; si cette liste est réduite au dessous de la moitié du nombre exige, le collège du département pourra elire un député de plus hors de la liste, et si elle est réduite au dessous du quart, le collége de département pourra élire hors de la liste la totalité des députés du departement.

15. Les préfets, les sous-prefets et les officiers-généraux commandant les divisions militaires et les départemens ne pourront etre élus dans les departemens où ils exercent leurs fonctions.

16. La liste des electeurs sera arrêtée par le préfet en conseil de préfecture. Elle sera affichée cinq jours avant la réunion des colléges.

17. Les réclamations sur la faculté de voter, auxquelles il n'aura pas été fait droit par les préfets seront jugées par la chambre des députés, en même temps qu'elle statuera sur la validité des opérations des colléges.

18. Dans les colléges électoraux de département les deux électeurs les plus âgés et les deux électeurs les plus imposés rempliront les fonctions de scrutateurs.

La même disposition sera observée dans les sections de collége d'arrondissement, composées de plus de cinquante électeurs.

Dans les autres sections de collége, les fonctions de scrutateur seront remplies par le plus âgé et par le plus imposé des électeurs.

Le secrétaire sera nommé dans le collège des sections de collége par le président et les scrutateurs.

19. Nul ne sera admis dans le collége ou section de collége s'il n'est inscrit sur la liste des électeurs qui en doivent faire partie. Cette liste sera remise au président, et sera affichée dans le lieu des seances du collége pendant la durée de ses opérations.

20. Toute discussion et toute délibération quelconques seront interdites dans le sein des colléges électoraux.

21. La police du collége appartient au président. Aucune force armée ne pourra, sans sa demande, être placée auprès du lieu des séances. Les commandans militaires seront tenus d'obtempérer à ses réquisitions.

22. Les nominations seront faites dans les colléges et sections de collége, à la majorité des votes exprimés.

Néanmoins, si les nominations ne sont pas terminées après deux tours de scrutin, le bureau arrêtera la liste des personnes qui auront obtenu le plus de suffrages au deuxième tour. Elle contiendra un nombre de noms double de celui des nominations qui resteront à faire. Au troisième tour, les suffrages ne pourront être donnés qu'aux personnes inscrites sur cette liste, et la nomination sera faite à la majorité relative.

23. Les électeurs voteront par bulletins de liste. Chaque bulletin contiendra autant de noms qu'il y aura de nominations à faire.

24. Les électeurs écriront leur vote sur le bureau, ou l'y feront écrire par l'un des scrutateurs.

25. Le nom, la qualification et le domicile de chaque électeur qui déposera son bulletin, seront inscrits par le secrétaire sur une liste destinée à constater le nombre des votans.

26. Chaque scrutin restera ouvert pendant six heures et sera dépouillé séance tenante.

27. Il sera dressé un procès-verbal pour chaque séance. Ce procès-verbal sera signé par tous les membres du bureau.

28. Conformement à l'art. 46 de la charte constitutionnelle, aucun amendement ne pourra être fait à une loi, dans la chambre, s'il n'a été proposé ou consenti par nous, et s'il n'a ete renvoyé et discute dans les bureaux.

29. Toutes dispositions contraires à la présente ordonnance resteront sans effet.

30. Nos ministres sécrétaires-d'état sont chargés de l'exécution de la presente ordonnance.

Donné à Saint-Cloud, le 25e jour du mois de juillet de l'an de grâce mil huit cent trente, et de notre regne le sixième. CHARLES.

Par le roi : *Le président du conseil des ministres*, Prince DE POLIGNAC.

(Suivent les signatures des autres ministres.)

Charles, etc. Vu l'ordonnance royale en date de ce jour, relative à l'organisation des colléges électoraux; sur le rapport de notre ministre secrétaire-d'état au département de l'intérieur, nous avons ordonné et ordonnons ce qui suit :

Article 1.er Les colléges électoraux se réuniront, savoir, les colléges électoraux d'arrondissement, le 6 septembre prochain, et les colléges électoraux de département, le 18 du même mois.

2. La chambre des pairs et la chambre des députés des départemens sont convoquées pour le 28 du mois de septembre prochain.

3. Notre ministre secrétaire-d'état de l'intérieur est chargé de l'exécution de la présente ordonnance.

Donné au château de Saint-Cloud, le 25 juillet de l'an de grâce 1830, et de notre règne le sixième. CHARLES.

Par le roi : Le ministre secrétaire-d'état de l'intérieur, C.te DE PEYRONNET.

(Suivent les signatures des autres ministres.)

— L'ordonnance suivante a été placardée le 20 au soir dans Paris : Nous préfet de police, etc.

Vu l'ordonnance du roi en date du 25 de ce mois, qui remet en vigueur les art. 1, 2 et 9 de la loi du 21 octobre 1814.

Nous avons ordonné et ordonnons ce qui suit :

Art. 1.er Tout individu qui distribuera des écrits imprimés où ne se trouvera pas l'indication vraie des noms, profession et demeure de l'auteur et de l'imprimeur, ou qui donnera à lire au public les mêmes écrits, sera conduit chez le commissaire de police du quartier, et les écrits seront saisis.

2. Tout individu tenant cabinet de lecture, café, etc., qui donnera à lire des journaux ou autres écrits imprimés en contravention à l'ordonnance du roi du 25 de ce mois sur la presse, sera poursuivi comme coupable des délits que ces journaux ou écrits pourraient constituer, et son établissement sera provisoirement fermé.

3. La présente ordonnance sera imprimée, publiée et affichée.

4. Le commissaire chef de la police municipale, et les commissaires de police seront chargés de tenir la main à son exécution. Elle sera également adressée à M. le colonel de la ville de Paris, commandant de la gendarmerie royale pour en assurer l'exécution en ce qui le concerne.

FIN.

Une dépêche télégraphique parvenue le 17 au gouvernement, annonce que le prince de Polignac a été arrêté à granville, département de la Manche, il était accompagné d'une seconde personne qu'on présume être M. de Montbel; ils ont été conduits à Saint-lo, sous bonne escorte.

À MONS, CHEZ HOYOIS-DERELY, RUE DES CLERCS N.º 10, et chez les principaux libraires du royaume.

701 天

27, 28, 29.
JUILLET
1830.

MONS. — TYPOGRAPHIE DE HOYOIS — DERELY.

www.ingramcontent.com/pod-product-compliance
Lightning Source LLC
Chambersburg PA
CBHW071806090426

42737CB00012B/1975